Effectuation – Unternehmergeist denkt anders!

Die Website zum Buch: **www.u-geist.at**

Dieses Buch ist meiner Familie und meinen Freunden gewidmet!

Es soll dazu dienen, die Ideen, Ergebnisse und Erkenntnisse der Entrepreneurship- und Effectuation-Forscher und -Praktiker, allen voran Saras Sarasvathy, einer größeren deutschsprachigen Community zugänglich zu machen und den Unternehmergeist in den Menschen zu wecken, in deren Hand und Vorstellung es liegt, eine nachhaltige und gute Zukunft zu schaffen!

Aus Gründen der besseren Lesbarkeit wurde auf geschlechtsneutrale Schreibweisen verzichtet. Selbstverständlich sind Frauen und Männer gleichwertig gemeint.

Impressum:

ISBN: 978-3-902672-19-3

Produktion: Ilse Helmreich
Produktionsassistenz: Brigitte Lang
Layout: Elisabeth Waidhofer
Lektorat: Andrea Janauschek-Raftl
Cover: iStockphoto
Druck: CPI Moravia, Korneuburg

Marcus Ambrosch

Effectuation – Unternehmergeist denkt anders!

mit Gastbeiträgen von
Hannes Offenbacher & rudolf greger

echomedia

»Die Wahrheit kann nicht existieren. Wenn ich in meinen Bildern nach der Wahrheit suche, kann ich hundert Bilder mit dieser Wahrheit schaffen. Nun, welche ist die wahre? Jene, die mir als Vorbild dient, oder jene, die ich male?«

Pablo Picasso, Bildhauer, Maler und Grafiker

Inhalt

Zum Geleit

Natürlich kennen wir klassische Management-Methoden, nach denen wir in der IP Familie und in der Welt von RTL auch handeln: Ziele werden definiert, die innerhalb eines vereinbarten Zeitraumes mit den zur Verfügung stehenden Ressourcen erreicht werden sollen.

Spannend finden wir jedoch auch neue Unternehmens-Modelle wie Effectuation. Hier wird nicht ein einziges Ziel angestrengt, sondern die Strategie steht im Vordergrund, neue Märkte, Produkte und Möglichkeiten zu erschaffen. Dadurch kann aus vielen potenziellen Zielen gewählt werden, die Chancen auf Erfolg potenzieren sich.

Der Doyen des Marketings, Peter F. Drucker, brachte das Wesen von Effectuation auf den Punkt: „Der beste Weg, die Zukunft vorherzusagen, ist sie zu schaffen."

Dieser besonders schöpferische Prozess im unternehmerischen Denken ist in einem kreativen Unternehmen, vor allem aber in einem Medienkonzern, systemimmanent vorhanden:

Mag. Gerhard Riedler
Geschäftsführer IP Österreich

Wir produzieren Content mit Hilfe erfahrener Redakteure und Journalisten, wir liefern vielfältige Unterhaltung – Eigenproduktionen oder durch Einkauf –für alle Altersgruppen ins Haus und bieten Plattformen für Unternehmen zur Vermarktung ihrer Produkte und Dienstleistungen. Aus der Kombination dieser Kernkompetenzen entstehen neue Produkte und Formate, bereichern wir unser Portfolio durch Partnerschaften und Allianzen, kurz: Wir erweitern täglich unsere Chancen auf neue Märkte und Produkte. Wichtig ist dabei, dass wir auf den im Konzern vorhandenen Ressourcen aufbauen – diese jedoch auch in ungewöhnliche neue Zusammenhänge bringen, vernetzen, Neues erschaffen.

Denn trotz unserer umfangreichen Marktdaten, Zielgruppenstudien und Rezipientenforschung erleben wir immer wieder Überraschungen beim Konsumentenverhalten. Der gläserne Mensch existiert für uns nicht, das stark emotional besetzte Produkt „Fernsehen“ kann einmal den Nerv treffen, beim nächsten Mal durchfallen, das macht unseren Job so richtig spannend. Effectuation macht unser Handeln flexibler.

Deshalb sehen wir auch in der „neuen Realität“, wie der Präsident des Deutschen Marketing-Verbandes, Bernd Michael, die Wirtschaftskrise treffend umschrieb, Effectuation als gutes Werkzeug an: Immer, wenn die Unsicherheit groß und die Zielorientierung gering ist, entstehen neue Märkte, Produkte und Chancen.

Das heißt jedoch nicht, dass wir bei effektualen Prozessen auf valide Daten und Kontroll-Instrumente verzichten – im Gegenteil. Effectuation bedeutet, die zahlreichen Optionen permanent zu beobachten, zu hinterfragen, zu prüfen, um den richtigen Zeitpunkt für Tun oder Lassen zu bestimmen. Das Geheimnis liegt in der Bereitschaft, für ein mögliches Erfolgsprojekt ein kalkuliertes Risiko bis zu einer festgesetzten Größe einzugehen. Nach dem Motto: Wie viel bin ich bereit, in das Experiment zu investieren?

Und für gute Ideen und Innovationen sind wir immer wieder bereit, als Entrepreneure zu handeln, mag auch im Konzern kausales, zielorientiertes Vorgehen auf Grund der Größe unseres Unternehmens im Vordergrund stehen. Die besten Unternehmer beherrschen eben beide Modelle und können beide gut anwenden.

Gerhard Riedler
Geschäftsführer IP Österreich

Vorwort

Wie schnell die Zeit vergeht! Gerade erst haben wir enthusiastisch unser erstes Buch, „Erfolgsfaktoren für Zentral- und Osteuropa“ herausgegeben, mit Interviews erfolgreicher Menschen, die schon früh den unternehmerischen Sprung in die Nachbarländer gewagt haben; gleich darauf stellte unser zweites Werk, „Storytelling & Marketing“ – das erste in Österreich zu diesem Thema – Storytelling als Instrument vor, um den Markenkern aufzuladen oder auf einfache und effektive Weise Wissen im Unternehmen weiterzugeben. Der dritte Band „Mythen von Arbeit und Altern“ wird noch Legionen von Managern mit dem spannenden Thema beschäftigen, Menschen verschiedenster Altersgruppen in Unternehmen zu Teams zusammenzuschweißen und das Wissen älterer Arbeitnehmer sinnvoll einzusetzen. Band vier zum Thema Wissensmanagement, „2:0 Das Spiel mit dem Marketingwissen“, bezog die ÖMG Community in den Entstehungsprozess ein und Band fünf erkannte in „Design und Marketing“ mitunter die äußere praktikable Form als das letzte und beste Verkaufsargument.

Und nun der sechste Band „Effectuation – Unternehmergeist denkt anders!“

Ich wage zu behaupten, dass Effectuation noch kein besonders gängiger Begriff in Österreich ist – wahrscheinlich ist er auch international noch nicht sonderlich bekannt.

Effectuation bedeutet, sich nicht nur auf ein einziges unternehmerisches Ziel zu konzentrieren, sondern sich eine Vielzahl an Möglichkeiten zu schaffen. Dies geschieht, indem man seine Stärken auslotet, Partnerschaften eingeht, neue Märkte, neue Produkte schafft.

So gesehen sind alle unsere Bücher nach der „Effectuation Methode“ entstanden: Aus dem Anspruch, Content für unsere Mitglieder zu bieten, folgte die Erkenntnis, dass es in Österreich zu wenig einschlägige Fachliteratur heimischer Autoren gibt. Außerdem sind die Inhalte in den meisten Fällen für Menschen, die tagsüber im Beruf zehn Stunden Konzentration aufbringen müssen, kaum verständlich, da hierzulande gerne wissenschaftlich verklausuliert geschrieben wird, anstatt leicht les- und fassbar.

Weiters war klar, dass Marketing heute in seiner Vielschichtigkeit kaum von einem einzigen „Marketing-Papst“ dargestellt werden kann. Aber in unserem Netzwerk – Geschäftspartner, Interessenten, ÖMG Mitglieder – befinden sich zahlreiche Experten, die bereit sind, ihren Teil zur Marketing-Buchreihe der ÖMG beizutragen. Und so entsteht ein Werk, von dem wir noch nicht wissen, wie viele Facetten des Marketings es uns noch aufzeigen wird. In jedem Fall spiegelt es Marketingwissen und Marketinghandeln aus heutiger Sicht und aus verschiedenen Blickrichtungen wider.

Ich wünsche Ihnen gute Unterhaltung und viele brauchbare Tipps für die Praxis!

Dr. Gabriele Stanek
Vizepräsidentin der ÖMG

Gebrauchsanleitung für dieses Buch

Dieses Buch wird Sie möglicherweise in eine für Sie neue Denkwelt führen und hoffentlich irritieren. Doch lassen Sie sich darauf ein, es sollte sich für Sie auszahlen, herauszufinden, warum „Unternehmergeist anders denkt".

Der Begriff der **Effectuation** kommt aus der Forschung über unternehmerische Expertise und wurde durch Saras D. Sarasvathy definiert und begründet. Zur deutlicheren Darstellung wird im Buch auch mit Kontrasten gearbeitet. Die Grundaussage dazu ist, dass es im wirklichen Leben natürlich keine schwarz-weiße Welt gibt – aber erfahrene Entrepreneure doch deutliche Präferenzen zeigen.

Das Buch gliedert sich in drei Teile. Der **1. Teil** liefert die „grundlegenden Zutaten" und beschreibt, in welchem Problemraum wir uns eigentlich bewegen. Er beschreibt und definiert die Bedingungen für die im zweiten Teil geschilderten Logiken, Prinzipien und Prozesse. Der **2. Teil** ist eine Zusammenfassung der Schlüsselerkenntnisse aus der Forschung und beleuchtet, warum Entrepreneure durch Effectuation anders denken und handeln als z.B. viele Manager. Spätestens mit dem **3. Teil** dieses Buches sollte Ihr Unternehmergeist erwacht sein. Hier finden Sie einige praktische Anwendungsfelder und Überlegungen zur Effectuation.

Der Begriff **„Effectuation“** kommt aus dem Englischen und wird im Text noch ausführlich erklärt. Zwar gibt es den Versuch, auch deutschsprachige Begriffe für Effectuation wie die Theorie der unternehmerischen Expertise und die Logik der unternehmerischen Wirkung zu definieren, doch wird meistens der Begriff Effectuation verwendet. Dabei wird Effectuation in all seinen Spielarten „eingedeutscht“, so gibt es den Effectuator, ein effectuales Denken und jemand kann effectuieren. Weitere wichtige Begriffe werden im Text definiert.

Nach jedem größeren Kapitel werden Sie Schlüsselfragen finden. Denken Sie über diese nach und machen Sie sich Notizen dazu. Entwickeln Sie auch Ihre eigenen Schlüsselfragen zu den Themen. Die Lesetipps und Links sollen Ihnen gleich nach dem jeweiligen Teil helfen, weiterführende Informationen zu finden. Ein komplettes Literatur- und Quellenverzeichnis finden Sie am Ende des Buches.

Ein wichtiges Angebot findet sich am Ende des Buches. Nutzen Sie die Website **www.u-geist.at** und stellen Sie uns Ihre Ideen, Fragen, Antworten auf die Schlüsselfragen etc. zur Verfügung. Ihr Feedback interessiert uns!

Viel Spaß beim Lesen und Effectuieren!
Marcus Ambrosch

***»Ja, mach nur einen Plan
Sei nur ein großes Licht!
Und mach dann noch 'nen zweiten Plan
Gehn tun sie beide nicht.«***

Bertolt Brecht, aus „Die Dreigroschenoper"

Erster Teil: Grundlagen

Der Designer wird zum Produzent

Roland Kaufmann hat eine Leidenschaft für Motorendesign und elektronische Prototypen im Flugzeug- und Autobau, die er für AVL List als Freelancer entwirft. Aber vor allem auch für Industrie-Design. Ein Studium an der FH Joanneum in Graz war für ihn die logische Konsequenz.

Logische Konsequenz daraus wiederum war die Suche nach einem Praktikumsplatz. Der Weg führte zu rudolf greger und Christoph Pauschitz, den Gründervätern von GP designpartners. Und nicht genug, nach einiger Zeit konfrontierte er die Designer mit der Idee eines Holzfahrrades – für seine Diplomarbeit. Seine Motivation war die Faszination von Mobilität durch Körperkraft und der Wunsch, endlich ein Produkt aus Holz zu machen.

Blödsinn und oberflächlich öko? Nach kurzer Diskussion war auch den beiden GP designpartners klar: Das Projekt möchte man machen. Tatsächlich war die Arbeit nach einem halben Jahr fertig und die Frage beantwortet, was man mit Holz im Fahrradbau machen kann. Jano, das Dual-Bike, war geboren.

Aber nicht so schnell. Ein Sperrholzprototyp lieferte den „proof of concept“ und die Veröffentlichung der Designreferenzarbeit durch GP designpartners in Fachforen und auf der Firmenwebsite folgte. Doch die nächste Überraschung war schnell da.

Es trafen nämlich die ersten E-Mails mit Anfragen, wo man das Fahrrad kaufen kann, bei GP designpartners ein und in verschiedenen Foren, Blogs und sogar im Air France Magazin wurde über das Konzeptfahrrad berichtet, ohne dass man dafür groß Werbung gemacht hätte.

Das ist noch nicht das Ende der Geschichte. Sie geht weiter: Während einer Firmenpräsentation über Mobilität vor einer großen Eigentümergruppe im Tourismusbereich stellte man auch das Fahrradkonzept als Referenzdesign vor. Der Kunde hatte soeben einen Sportartikelhersteller gekauft, welcher früher Fahrräder im Portfolio gehabt hatte. Jano, das Dual-Bike, könnte

Ihr nächstes Fahrrad – Jano, das Dual-Bike.

dazu wunderbar passen. „Ein Angebot muss her!“, war die Reaktion.

Tja, die Geschichte hat noch kein Happy End – und wird es vielleicht auch nicht haben, sie geht hier nämlich so weiter: Der Sportartikelhersteller konnte sich nicht entschließen, das Fahrradkonzept zu übernehmen und zur Serienreife zu bringen. So blieb das Konzept eben ein Konzept.

Doch ein Ende, wie wir vielleicht glauben, ist das auch nicht, eher erst ein Anfang. Mittlerweile war der unternehmerische Geist bei den GP designpartners, allen voran rudolf greger, erwacht. Man wusste, da draußen gibt es eine Nachfrage nach dem Dual-Bike aus Holz. Doch für die Serienproduktion ist eben die Entwicklung eines Prototypen notwendig. Wie kann man aber als Designer ein neues Produkt auf den Markt bringen, es vielleicht sogar produzieren, ohne dabei Haus und Hof zu riskieren?

Anfang 2009 reichten die beiden Unternehmer deshalb einen Förderantrag beim Austrian Wirtschaftsservice (AWS) ein. Die Präsentation verlief erfolgreich und die Förderung wurde genehmigt. Die zahlreichen Ausdrucke der Berichte über das Jano, die man der Jury mitgebracht hatte, waren dabei eine gute Unterstützung.

Die Aufgabe für das Designbüro besteht nun darin, einen fertigen Prototypen für die Produktion zu schaffen. Doch wie geht es dann weiter? Wird ein Investor gefunden, wird eine eigene GmbH gegründet oder wird alles in Bausch und Bogen an einen Hersteller verkauft?

Auch wenn sie vom Wunsch nach Umsetzung getrieben sind, kann sich bei GP designpartners eigentlich noch niemand vorstellen, Produzent zu werden – oder doch?

Zufall, Unternehmergeist und die Erfahrung aus über 20 Jahren als Designer und Unternehmer erhöhen den Wunsch, Jano zu realisieren. Die GP designpartners sind sich bewusst, dass sie mit Jano ein neues Marktsegment schaffen würden, welches für die traditionellen Fahrradhersteller ebenfalls ein neuer und auch unbekannter Pfad wäre. Ein Pfad des unternehmerischen Wagnisses, auf den sich diese bisher noch nicht begeben haben.

Doch genau darum geht es in diesem Buch: Wie kann man neue Märkte, neue Produkte und neue Unternehmen schaffen? Wie kann man eine Zukunft erschaffen, die nicht prognostizierbar ist?

Genau hier beginnt die eigentliche Geschichte – bei der Frage, was wir von erfahrenen Entrepreneuren lernen können und warum Unternehmergeist anders denkt.

Unternehmer oder Entrepreneur?

»Entrepreneur ist keine Berufsbezeichnung. Es ist die Geisteshaltung von Menschen, die die Zukunft verändern möchten.«

Guy Kawasaki, Nicht-CEO bei Yahoo! & Venture Capitalist

Unternehmerische Tätigkeiten sind faszinierend und durch die Pop-Kultur heutiger Web-Startups sogar

„sexy“ geworden. Gleichzeitig sind Unternehmertum und Entrepreneurship schwer zu fassende Konzepte, sowohl in der Definition als auch in der Abgrenzung zu anderen Bereichen.

Eine „eindeutige“ Definition, wer Unternehmer ist, liefern aus Sicht der Gesetzgeber das Steuerrecht und das Unternehmensgesetzbuch (UGB) in Österreich bzw. das Bürgerliche Gesetzbuch (BGB) in Deutschland.

Das österreichische Recht hat in seiner Novelle im Jahr 2007 den Begriff „Kaufmann“ durch „Unternehmer“ ersetzt. Jetzt heißt es: „Unternehmer ist, wer ein Unternehmen betreibt“ (§ 1 Abs. 1 UGB) und: „Ein Unternehmen ist jede auf Dauer angelegte Organisation selbständiger wirtschaftlicher Tätigkeit, mag sie auch nicht auf Gewinn gerichtet sein“ (§ 1 Abs. 2 UGB).

Eine sprachliche Unterscheidung gibt es jedoch nach wie vor. Während im deutschsprachigen Teil der Welt „Unternehmertum“ und „Unternehmer“ gebräuchliche Begriffe sind, so kann man ihnen nicht automatisch die Begriffe „Entrepreneurship“ und „Entrepreneur“, welche in der angelsächsischen Literatur verwendet werden, gleichsetzen. Eine einfache Übersetzung in beide Richtungen trifft dabei nicht den Kern der Sache. Denn Unternehmer haben mit Entrepreneuren nur wenig gemeinsam, auch wenn „Entrepreneure“ manchmal als Untermenge des Oberbegriffes „Unternehmer“ betrachtet werden. Demnach muss nicht jeder Entrepreneur ein Unternehmer sein, aber jeder Unternehmer sollte zumindest ein Entrepreneur sein.

In Europa und auch in traditionellen Gründerprogrammen gilt aber vorwiegend noch, dass Unternehmertum mit der altbewährten Betriebswirtschaftslehre gleichgesetzt wird.

Entrepreneurship hingegen ist Innovation und Handeln in einem. Unternehmer sind genau deswegen nicht unbedingt mit Entrepreneuren gleichzusetzen.

In der deutschen Begriffswelt existieren daher „Unternehmer" und „Entrepreneur" parallel (Blum et al., 2001). Dies ist auch notwendig und sinnvoll, da sonst kein differenziertes Bild erzeugt werden kann. Neues Denken erfordert in der Auseinandersetzung auch neue Begriffe.

Unternehmern werden im Allgemeinen drei Funktionen zugeordnet: Sie begründen und halten ein Eigentum an einem Unternehmen, leiten dieses und innovieren es, indem sie überlegen, wie sie es weiterentwickeln können. Entrepreneure dagegen halten nicht zwingend ein Eigentum an einem Unternehmen, leiten es auch nicht unbedingt – das ist nur zu Beginn meist unumgänglich. Entrepreneure sind vielmehr die Macher, die Chancen erkennen und diese mit Erfolg anpacken – von den Nicht-Erfolgreichen hört man zumindest nur selten. Entrepreneurship ist Handeln in Form eines besonders innovations- und wertsteigerungsorientierten wirtschaftlichen Prozesses – somit haben Entrepreneure immer das Element des Neuen und Wertschaffenden in ihrem Denken und Handeln integriert. Sie sind Sucher und Entdecker und haben dabei eine hohe Urteils- und Entscheidungskraft – sie schaffen Zukunftswerte!

Während die klassische Management- und Betriebswirtschaftslehre die Risikoabwägung propagiert, fühlen sich erfahrene Entrepreneure gerade in ungewissen und schlecht strukturierten Entscheidungssituationen wohl. Was aber nicht heißen soll, dass dadurch der Schlaf vor wichtigen Entscheidungen immer ruhig und gleichmäßig ist – genauso wenig, wie es bedeutet, dass unüberlegte Kamikazegründungen die Folge sind.

Eine wirklich einheitliche Definition von Entrepreneurship existiert jedoch noch nicht.

Nachdem die Forschung nach besonderen Persönlichkeitseigenschaften von Unternehmern keine eindeutigen Ergebnisse erbrachte, ist ein prozessorientierter Ansatz im Moment „State of the Art". Dieser umfasst, vereinfacht, neben dem Identifizieren und Bewerten einer unternehmerischen Gelegenheit das Entwickeln eines Business Plans, das Identifizieren der für die Umsetzung nötigen Ressourcen sowie das Gründen und Managen des Unternehmens (Hisrich, 2008). Ähnlich oder auch detaillierter werden Sie diesen Vorgang in Lehrbüchern, von Ihrem Gründungsberater und anderswo erklärt und beschrieben bekommen – als einen klar strukturierten Prozess, in dessen Verlauf man zum Unternehmer wird.

Dennoch braucht es einen breiter gedachten Begriff für Entrepreneure und Unternehmer. So finden sich Entrepreneure nicht nur unter Gründern, die Werte über die Gründung hinaus schaffen, sondern auch bei Top-Managern in Konzernen, Non-Profit-Organisationen, Politik, Verwaltung, Verbänden, Vereinen und ehrenamtlichen Tätigkeiten. Wobei es hier vielleicht durch kontextbezogene Einschränkungen unterschiedliche Freiheitsgrade im Handeln geben mag.

Diese Denkhaltung macht ein modernes Entrepreneurship im Wesentlichen eher jenen Menschen zugänglich, die die Welt verändern möchten. Im Deutschen trifft es wahrscheinlich der Begriff „Unternehmergeist" am besten. Gemeint sind damit kreative Menschen mit guten Ideen, die diese auch umsetzen.

Entrepreneurship ermöglicht unter Unsicherheit zu urteilen, zu entscheiden und zu handeln, indem unternehmerische Gelegenheiten erkannt werden. Aus ihnen wird etwas Bedeutungsvolles erschaffen, das eine reale Auswirkung auf das menschliche Leben hat. Eine vollkommen neue unternehmerische Gelegenheit (Opportunity) erschuf z.B. Guy Laliberté. Mit dem „Cirque du Soleil" erfand er den Zirkus neu und lockte Besucherscharen zu den Vorstellungen rund um die Welt. Guy Laliberté kann als Entrepreneur bezeichnet werden – weitere Beispiele folgen.

Im Folgenden setzen wir die Begriffe **Unternehmer, Unternehmertum und Unternehmergeist** mit dem **Entrepreneurship-Gedanken** gleich und trennen uns von der rein organisatorischen und verwaltenden Sicht der deutschsprachigen Begriffsverwendung.

Sie können das folgende, ganz banale Gedankenspiel machen: Gehören die folgenden Persönlichkeiten für Sie eher zu den Unternehmern oder zu den Entrepreneuren? Richard Branson (Virgin Group), Muhammad Yunus (Grameen Bank), Gottfried Duttweiler (Migros), Karl und Theo Albrecht (Aldi).

Schlüsselfragen

- Welche Geisteshaltung haben Sie: Unternehmer oder Entrepreneur, Entdecker oder Forscher?
- Was ist Unternehmertum und Unternehmergeist? Fragen Sie Entrepreneure, Unternehmer und Manager in Ihrem Bekanntenkreis.
- Was sind Ihre Innovationen und Zukunftswerte?

„Mythos Ziele" – vom Denken in Zielen

»Viele Wege führen nach Rom …«

Fettes Brot, Künstler

… und wohin wollen Sie!?

Wollen Sie ein Entrepreneur werden oder haben Sie ein anderes Ziel?

Ziele sind auf jeden Fall etwas wunderbares! Ziele magnetisieren und geben Richtung. In der persönlichen Weiterentwicklung, in der Entscheidungsfindung ermöglichen sie die Annäherung an einen gewünschten „Idealzustand", an ein Modell. Managern helfen sie, genau zu bestimmen, welche Ressourcen benötigt werden, um ein vorgegebenes Ziel und dadurch auch ein angestrebtes

Ergebnis zu erreichen. Ganze Heerscharen von Mitarbeitern werden durch gute und SMARTe Ziele[1] gesteuert.

Von Leadern und Strategen werden Strategien entwickelt, die das Spielfeld der Manager und Taktiker abstecken. Sind erst einmal die Ecken und Tore definiert, so wird durch die strategischen Ziele klar, was Punkte bringt und was nicht. Dies könnte man endlos weiterführen mit Marketingzielen, Qualitätszielen, Reisezielen, Projektzielen, Sparzielen, Ausbildungszielen ...

Ziele sind wichtig und notwendig. Ziele sind ein wesentlicher Bestandteil unserer Kultur und haben unseren industriellen Erfolg begründet.

Bewegen wir uns auf ein Ziel zu, werden wir im Normalfall glücklicher. Ziele geben uns Sicherheit.

Aristoteles vertrat die These, dass alles menschliche Handeln schlussendlich persönliches Glück erreichen möchte. Somit ist nicht nur für Menschen in Unternehmen, sondern für jeden von uns das tägliche Arbeiten an Zielen, das Hinarbeiten auf einen definierten und hoffentlich gewünschten Endpunkt wesentlich, um glücklicher zu werden.

In der modernen Managementlehre haben Pioniere wie Peter F. Drucker dazu Management-Methoden entwickelt, wie z.B. das Management by Objectives (MbO – Führen durch Zielvereinbarung und mit SMARTen Zielen) oder

---

[1] SMARTe Ziele sind wesentlicher Bestandteil im Management by Objectives und stehen für (s)pezifische, (m)essbare, (a)ktiv beeinflussbare, (r)ealistische und (t)erminierte Ziele.

das Management by Results (MbR – Führen durch Ergebnisorientierung). Im Marketing wird die Identifikation und Definition der Zielgruppe zum wesentlichen Handlungsakt. Ebenfalls beruhen ganze Managementsysteme auf dem Festlegen und Ableiten von vordefinierten Zielen und der Beurteilung der Vorgehensweise und Handlungsqualität beim Erreichen dieser, wie z.B. im Hoshin-Management oder im „EFQM-Model für Business Excellence[2]", um nur zwei Beispiele zu nennen.

Ziele müssen darüber hinaus eine Richtung, eine Messgröße, eine Quantifizierung und einen Bezug haben, wie z.B. eine Steigerung der Verkäufe von Produkt A um drei Prozent im Vergleich zum Vorjahr.

Gute Ziele sind die Voraussetzung für wirksames Controlling in Unternehmen. Kontrolliert soll dabei werden, ob die Planung und die Umsetzung das Unternehmen, das Projekt näher an das definierte Ziel gebracht hat.

Wir versuchen, Zukunft durch Ziele zu kontrollieren. Ziele, die wir durch Marktforschung, Strategieklausuren, Studien, Erfahrung, Würfeln, Münzwurf etc. definiert haben. Mit Zielen schaffen wir einen gewünschten Idealzustand, ein Modell – wir beleihen die Zukunft mit Zielen.

Doch Ziele sind, bis zu einem gewissen Grad, Wetten auf die Zukunft! Sie beschreiben einen gewünschten

---

[2] Das Modell der „European Foundation for Quality Management" für Business Excellence ist ein Unternehmensmodell, das eine ganzheitliche Sicht auf Unternehmen ermöglicht. Die drei Säulen des Modells sind Menschen, Prozesse und Ergebnisse. Weitere Informationen finden sich auf www.qualityaustria.com

Zustand, welcher zu einem in der Zukunft liegenden Zeitpunkt erreicht werden soll. Die Frage ist, ob und wie wir diese Zukunft kontrollieren können und damit auch den Ausgang der „Wette“ bestimmen können. Mit aller Kraft werden wir dies versuchen, sei es durch die besondere Motivation unserer Mitarbeiter, die Einzigartigkeit unserer Produkte, die Genialität unseres Marketing-Mix oder auch durch schiere Marktmacht.

Menschliches Handeln ist dabei die „Einheit“, um Ziele zu erreichen oder ihnen zumindest näher zu kommen. Neben Ressourcen, wie Finanzen, Mitarbeiter, Kunden, Prozessen, Infrastruktur, ist es auch Mittel, um die gewünschten Resultate zu erzielen. Wie wirksam die Mittel werden können, hängt aber letztendlich nicht nur von gutem Management, den richtigen Zielen und weiteren Faktoren ab, sondern vor allem davon, wie kausal und vorhersagbar die Umwelt ist, in der wir uns befinden. Stimmt jedoch das Wirkungs-Ursachen-Gefüge, das wir uns in der Planung ausgemalt haben?

Es gibt nämlich Zustände, wo eine **Zweck-Mittel-Relation (Zielsystem, Zielorientierung)** wirkungslos ist, wo wir mit reiner Zielorientierung in die Irre gehen und wo auch die Kausalität, die Beziehung zwischen Ursache und Wirkung, nicht gegeben ist.

Beim Schaffen neuer Märkte, neuer Produkte und neuer Unternehmen treffen wir oft auf solche Zustände, auch bei Innovation.

Es ist daher wichtig, den Problemraum zu erkennen: Der Bereich, wo die Bedingungsfaktoren für kausales

Managementvorgehen und ein nicht-kausales Vorgehen, wie es z.B. erfahrene Entrepreneure bevorzugen, aufeinandertreffen.

Hier beginnt der **„Mythos Ziele“**! Wir betreten mit einem raschen Schritt den Ort, wo das Wetten auf Ziele zum unkontrollierten Gambeln wird – der Ausgang: garantiert ungewiss.

Schlüsselfragen

- Wie funktioniert Ihre strategische Ziel- und Aktivitäten-Planung?
- Wie planen Sie Ihre Ziele und die Aktivitäten und Mittel, um diese zu erreichen?
- Wo beginnt Ihr „Mythos Ziele“ – wie ist Ihre Planungs- und Zielerreichungsrealität?

Risiko – Unsicherheit – Ungewissheit

»Und als wir unser Ziel aus den Augen verloren hatten, verdoppelten wir unsere Anstrengungen.«

nach Mark Twain, u.a. Vater von Tom und Huck

Im Labyrinth „Mythos Ziele“ trifft man auch noch auf andere Irrwege, wie die Annahme, dass das Festlegen starker und magnetisierender Ziele oder das daraus abgeleitete kraftvolle Handeln der Ursprung großer unternehmerischer Erfolgsgeschichten oder gesellschaftlicher Veränderungen ist. Der Ursprung der meisten

Erfolge liegt nicht im richtigen Ziel und im richtigen Handeln alleine – das ist sekundär. Der erste Schritt in Erfolgsgeschichten ist immer eine **kraftvolle Entscheidung.** Die Entscheidung, an eine Idee zu glauben, etwas umzusetzen und Dinge auch gerade anders zu machen, als *man es tun sollte.* Das ist eines der Erfolgsgeheimnisse herausragender Unternehmer, Manager und Menschen.

Die **Entscheidungstheorie**, als wissenschaftliche Managementdisziplin, beschreibt die Faktoren und Konsequenzen von Entscheidungen. Entscheidungen können durch Sicherheit, Unsicherheit, Risiko und Ungewissheit beeinflusst werden. Um diesen Einfluss zu minimieren, gibt es Methoden, wie z. B. Wahrscheinlichkeitsrechnungen, Nutzwertanalysen, Entscheidungsbäume – die optimale Lösung soll gefunden werden, die unterschiedlichen Elemente sind ausschlaggebend dafür, wenn und wann Ziele zu einem Mythos werden.

Sicherheit

Wann waren Sie zuletzt so richtig sicher? Nicht im Sinne von Geborgenheit, sondern in dem Sinn, dass Sie wussten, wenn Sie eine bestimmte Handlung setzen, wird dieser eine bestimmte Konsequenz folgen?

Die Annahme, dass man alle Konsequenzen seiner Handlungen im Voraus kennt oder berechnen kann, ist jedoch unrealistisch. Eindimensionale Entscheidungsprobleme[3] sind sehr selten, können aber genutzt werden, um eine Entscheidungssituation unter Unsicherheit, durch Zerlegung in mehrere kleinere Ziele, zu einer Entscheidung unter Sicherheit zu machen.

Sicherheit ist, wenn Sie wissen, dass in einem verschlossenen Sack 100 rote Äpfel gelagert sind. Jedes Mal, wenn Sie in den Sack „Sicherheit" greifen, erhalten Sie also einen roten Apfel. Es kann somit keinen Irrtum geben!

Realistischer ist jedoch, dass auf einem Obst- und Gemüsemarkt viele verschiedene Früchte und Sorten verkauft werden. Bei einem Apfelhändler könnte somit ein verschlossener Sack verschiedene Apfelsorten enthalten. Wenn Sie in den Sack greifen, wissen Sie, dass Sie einen Apfel in der Hand halten werden, wissen damit aber noch nicht, von welcher Sorte.

Wie gehen Sie am besten mit dieser Situation um? Einfach zugreifen – denn Sie befinden sich ganz sicher im Schlaraffenland! Im realen Leben gibt es nämlich so etwas wie eine absolute Sicherheit nicht, in jeder Situation gibt es zumindest ein Quäntchen Risiko.

Risiko

Gehen Sie gerne Risiken ein? Ja? Dann wissen Sie wohl, mit welcher **Wahrscheinlichkeit** eine bestimmte Konsequenz eintritt, wenn Sie in den Sack greifen bzw. Sie kennen die enthaltene Verteilung. Die Situation ist ver-

---

[3] Das bedeutet, es liegt nur ein Ziel vor und die Zielausprägung der verschiedenen Handlungsalternativen ist bekannt. Das Ziel kann dabei unbegrenzt sein, wie z.B. bei der Gewinnmaximierung und Risikominimierung, oder begrenzt. Bei Letzterem soll ein Ziel exakt oder höchstens bzw. mindestens erreicht werden.

gleichbar mit der eines bekannten Marktes, Marktsegments, eines etablierten Produktes ...

Sie wissen, in einem verschlossenen Sack sind 50 faule und 50 rote Äpfel gelagert. Jeder rote Apfel bringt einen Euro. Sie können nun mit einer Wahrscheinlichkeit von 50 Prozent rechnen, dass, greifen Sie in den Sack „Risiko", Sie einen faulen Apfel in der Hand halten werden.[4]

Um dem Risiko am besten zu begegnen, ist die **Analyse** die Methode für Entscheidungen.

Unsicherheit

Eine andere Situation ergibt sich unter Unsicherheit. Bei „Unsicherheit" ist die **Verteilung unbekannt,** Sie wissen also, dass in dem Sack eine unbekannte Anzahl an faulen und roten Äpfeln enthalten ist. Nach wie vor erhalten Sie für jeden roten Apfel einen Euro. Sie können nun einige Male ziehen und so schön langsam die Verteilung im Sack „Unsicherheit" erfassen, und so „Unsicherheit" in eine kalkulierbares „Risiko" umwandeln.

Die Methode für Unsicherheit ist das **Schätzen.** Sie können aber auch ein Institut beauftragen, das eine **Marktforschung** durchführt und über diese Schätzungen ein **Wahrscheinlichkeitsmodell berechnet.**

---

[4] Nehmen wir an, die faulen und roten Äpfel sind in Gewicht und Form gleich, d.h. Sie wissen erst, welchen Apfel Sie in der Hand halten, wenn Sie ihn aus dem Sack geholt haben. Vielleicht ist ja sogar ein goldener dabei?

Echte Unsicherheit nach Knight (Ungewissheit)

Bei der **echten Unsicherheit oder auch Ungewissheit nach Knight**[5] können Sie von einem sicher ausgehen: Sie wissen nicht einmal annähernd, ob sich faule oder rote Äpfel im Sack befinden oder was überhaupt der Inhalt ist – möglicherweise greifen Sie in einen Sack voll fauler Äpfel – oder Scherben!? Sie wissen, dass rote Äpfel einen Euro bringen. Was auch noch sicher ist: Für jeden Griff in den Sack verlangt jemand Geld von Ihnen, denn die Ware wird im Voraus bezahlt, egal was Sie anschließend tatsächlich in Ihren Händen halten. Sind Sie dabei, fühlen Sie sich wohl bei dem Gedanken, in diesen Sack zu greifen?

Für das Handeln und Problemlösen in einer solchen Situation ist es wichtig, den Unterschied zwischen Sicherheit, Risiko, Unsicherheit und Ungewissheit zu kennen. Später werden Sie die richtige Methode im Umgang mit einer ungewissen Situation kennenlernen.

Schlüsselfragen

- Wann waren Sie zuletzt bei Ihren Entscheidungen in einer der vier beschriebenen Situationen?
- Für welchen Sack würden Sie sich entscheiden, wo würden Sie hineingreifen?
- Wenn jeder Sack einen anderen Markt beinhalten würde, welchen Markt würden Sie wählen?

---

[5] Frank Knight ist der Begründer der Chicagoer Schule der Ökonomie. Er führte mit seiner Dissertation im Jahr 1921 die Unterscheidung zwischen Risiko und Unsicherheit in die Wirtschaftstheorie ein.

Exkurs: Die Klassiker über Entrepreneure

»Die Praxis von heute ist die Theorie der Großväter.«

Joseph A. Schumpeter, Ökonom & Lebemann

Eine Prägung des Begriffes „etwas unternehmen“ (vom französ. „entreprendre“) erfolgte im 18. Jh. durch **Richard Cantillon** (1680–1734), einem irischen Banker. Er führte den Begriff des Entrepreneurs in die Wirtschaftswissenschaften ein, womit er eine Einkommenserzielung unter Unsicherheit verstand. Wenn auch die Begriffsprägung vor über 250 Jahren erfolgte, so gab es Entrepreneure auch schon davor. Diese nutzten das Feuer, lebten vielleicht in Höhlen, erfanden das Rad ... In der Neuzeit zählen Persönlichkeiten wie z.B. Ferdinand Porsche („Ich konnte den Sportwagen meiner Träume nicht finden, deshalb baute ich ihn selbst.“), Richard Branson („Unternehmerische Gelegenheiten sind wie Autobusse, es kommt immer ein anderer.“) oder Werner von Siemens („Es kommt nicht darauf an, mit dem Kopf durch die Wand zu rennen, sondern mit den Augen die Tür zu finden.“) dazu. Cantillons Zeitgenosse Adam Smith unterschied die Rolle des Unternehmers von der des Kapitalisten.

Wirklich berühmt wurde Entrepreneurship erst mit dem österreichischen Ökonomen **Joseph A. Schumpeter** (1883–1950). Er trennte den Unternehmer vom Manager, was auch der modernen Arbeitsteilung entspricht.

Für ihn ist der Entrepreneur derjenige, der neue Ideen oder Erfindungen durch Innovationen in die Praxis umsetzen kann. Dabei zerstört er durch Neues alte Strukturen. Es kommt zur schöpferischen Zerstörung. Diese ist notwendig, damit eine Neuordnung stattfinden kann und kein Systemfehler diese verursacht. Auslöser dafür sind eben Innovationen. Die unternehmerische Gelegenheit, die „Opportunity“ (aus dem Engl.), wird bei Schumpeter pro-aktiv geschaffen. Der Schöpfungsprozess basiert auf neuen Informationen.

Israel M. Kirzner (geb. 1930), ebenfalls aus der österreichischen Schule, spricht hingegen später von einem informationsschöpfenden Unternehmertum. Dabei kommt es auf eine besondere Wahrnehmungsfähigkeit durch den Unternehmer an, aktiv stützt er sich dabei auf Entscheidungsfehler anderer Akteure, also z. B. Ignoranz anderer Marktteilnehmer, und entdeckt dadurch aktiv eine weniger radikale und innovative unternehmerische Gelegenheit. Dadurch sind nicht vollständig neue Informationen notwendig.

Bei diesen beiden Vordenkern geht es sowohl um Veränderungs- als auch Gleichgewichtsprozesse. Wobei bei Schumpeter das Weg-vom-Alten gleichgewichtszerstörend wirkt und durch umgesetzte Innovation wieder ein Gleichgewicht geschaffen werden soll. Bei Kirzner führt die Entdeckung der unternehmerischen Gelegenheit zu einem neuen Marktgleichgewicht.

Frank H. Knight (1885–1972) und, wesentlich später, **Peter Drucker** (1909–2005) sehen den Unternehmer als Person, die ein Risiko eingeht. Drucker betont die menschliche Wahrnehmung als Quelle für unternehmerische Gelegenheiten. Knight hingegen postuliert zusätzlich eine nicht messbare Unsicherheit, die „Knight'sche Unsicherheit", erst diese bringe die Gestalt des Unternehmers hervor.

Manager denken auch anders

»Das Denken ist die Arbeit des Geistes, die Träumerei seine Lust.«

Victor Hugo, Realistischer Romantiker

Wir wissen nun, dass verschiedene Entscheidungssituationen einen Einfluss darauf haben, wie wir handeln und entscheiden. Dies beeinflusst wiederum, ob wir klare Ziele formulieren können. Ein klares Ziel wäre z.B. die Steigerung der roten Apfelernte um 50 Prozent.

Zur Verdeutlichung der hier beschriebenen Prinzipien und Denklogiken ist es notwendig, Manager und Entrepreneur als sich polarisierende Begriffe zu verwenden.

Erst durch diese Polarisierung und Kategorisierung werden die Unterschiede im Denken beider Gruppen gut sichtbar. Dies soll aber nicht heißen, dass ein Manager kein guter Entrepreneur oder ein Entrepreneur kein guter Manager sein kann. Menschen können gleichzeitig mehrere der nun geschilderten Denkmodelle verwenden.

Wie denken erfahrene Entrepreneure?

Klassisches Management-Denken ist **zielorientiert**. Die Frage ist also, welche Mittel oder Ressourcen wie z.B. Finanzen, Mitarbeiter, Kunden, Prozesse, Infrastruktur usw. werden benötigt oder sollen eingesetzt werden, um ein vordefiniertes Ziel zu erreichen. Es sind meistens nicht nur die Ziele festgelegt, sondern auch die zur Verfügung stehenden Mittel sind vorgegeben.

Manager versuchen mit diesen die optimale Lösung zu finden, um ein Ziel zu erreichen. Sie wählen aus den gegebenen Mitteln jene aus, mit denen das vorgegebene Ziel erreicht werden kann. Dabei wird eine **Zweck-Mittel-Relation** hergestellt, was man auch als **kausal-logisches Denken** bezeichnet. Kausale Denker verhalten sich wie große Generäle. Ihr Ziel ist es, den optimalsten und am schnellsten wirksamen Schlachtplan zur Zielerreichung zu finden. Das kann z.B. die Auswahl des besten Zielmarktes sein oder auch die Entscheidung für den kostengünstigsten Lieferanten. Es ist somit die Entscheidung nötig, zwischen mehreren gegebenen Mitteln auszuwählen, um ein Ziel zu erreichen.

Es gibt aber auch die strategischen und kreativen Denker, die neue Handlungsalternativen schaffen. Sarasvathy (2008) spricht auch vom **kreativen kausal-logischen Denken**. Dabei ist ebenfalls ein Ziel vorgegeben und es gibt auch Mittel, aber es werden, um das Ziel zu erreichen, auch neue Mittel generiert. Dadurch werden zusätzliche Handlungsoptionen möglich, wie z.B. der Aufbau eines Vertriebsnetzwerkes durch die Aufnahme selbständiger

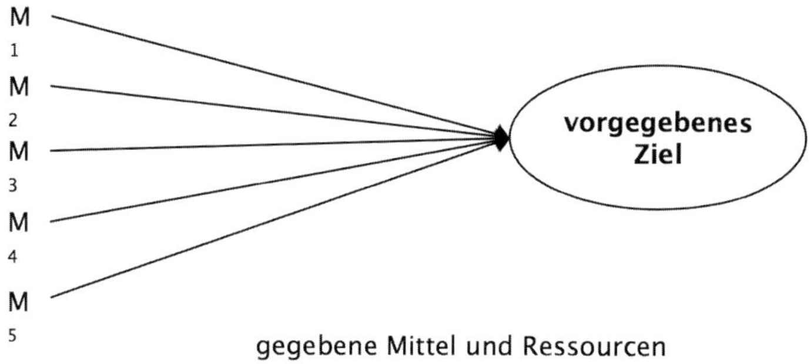

Kennzeichen: Auswahl zwischen den gegebenen Mitteln zur Erreichung eines vorher festgelegten Ziels.

Das kausale Manager-Denken.
Quelle: nach Sarasvathy (2001 a)

Handelsvertreter oder der Einsatz einer neuen Werbemethode. Somit ist nicht nur die Entscheidung nötig, aus mehreren gegebenen Mitteln zu wählen, sondern auch das Erzeugen neuer Mittel, um ein Ziel zu erreichen. Dies könnte Ihnen z.B. beim letzten Kreativ-Meeting oder auch bei einer Strategieklausur passiert sein.

Kausales Denken muss aber nicht unbedingt kreativ sein. Letzteres Denkmodell, als Übergang zu jenem, das erfahrene Entrepreneure anwenden, enthält da schon ein ordentliches Quantum Kreativität – wie könnten sie sich sonst neue Mittel „ausdenken“?

Unternehmerisches Denken beinhaltet jedoch von Natur aus kreatives Denken und ist **mittelorientiert.** Dabei startet der Entrepreneur nicht mit einem fixen Ziel, sondern mit den vorhandenen Mitteln. Mit dem ihm zur Verfügung stehenden Mitteln erzeugt der Entre-

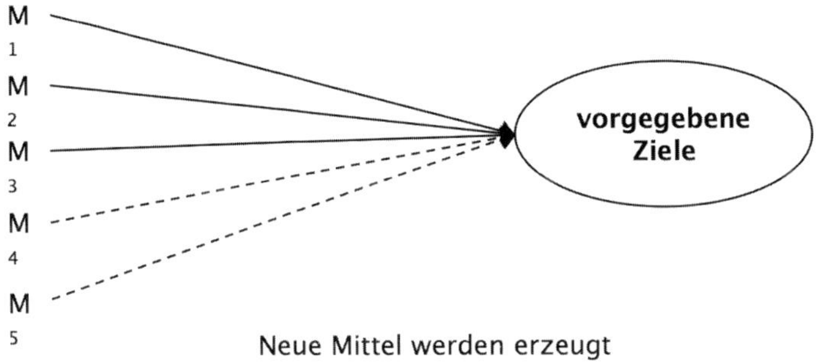

Kennzeichen:
Schaffung neuer Mittel, um vorher festgelegte Ziele zu erreichen.

Das kreative kausal-logische Denken der Strategen.
Quelle: nach Sarasvathy (2001 a)

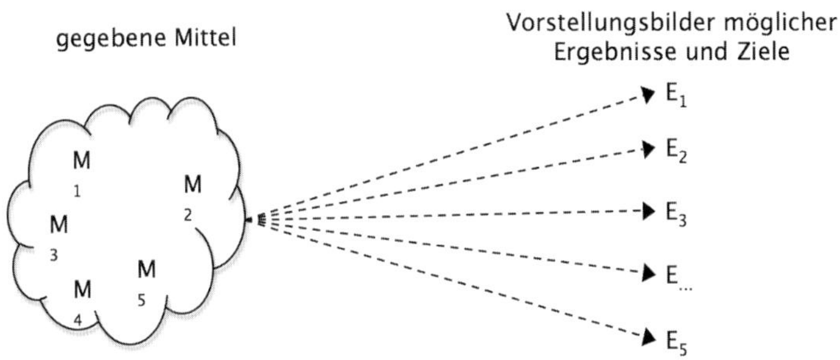

Kennzeichen: Vorstellungsbilder möglicher neuer Ergebnisse und Ziele durch Verwendung bestimmter Mittelkombinationen.

Das unternehmerische Denken mit Effectuation.
Quelle: nach Sarasvathy (2001 a)

preneur Vorstellungsbilder von möglichen Ergebnissen und Zielen. Hier ist nun der Auswahlprozess umgekehrt, denn auf einmal ist zwischen verschiedenen Zielen oder Möglichkeiten zu wählen, die mit den gegebenen Mitteln und durch die Fantasie des Entrepreneurs erreicht werden können.

Zwischen Zielen wählen

An diesem Punkt ist es Zeit, den Begriff der **Zielambivalenz** einzuführen. Mit Ambivalenz ist allgemein ein Nebeneinander von gegensätzlichen Gedanken, Gefühlen und Wünschen gemeint. Zielambivalenz ist daher gegeben, wenn mehrere mögliche Ziele, die auch gegensätzlich sein können, gleichzeitig vorhanden sind. Beispiele sind Fragestellungen wie „Soll ich ein Friseurgeschäft eröffnen oder ein Kosmetikstudio?“, „Empfinde ich Liebe oder Hass oder Hassliebe für diese Person?“, „Soll mich mein Weg nach links oder rechts führen, was lauert hinter der Kurve?“, ...

In der Psychologie löst Ambivalenz eine **kognitive Dissonanz** aus, welche ein negatives und unangenehmes Gefühl verursacht. Dieses motiviert Menschen im Fall einer Zielambivalenz dazu, verschiedene mögliche Endergebnisse vereinbar zu machen. Dies kann durch Einstellungs- oder Verhaltensänderungen passieren. Die spannende Erkenntnis ist nun, dass erfahrene Entrepreneure eine sehr rationale Denkweise und Strategie verfolgen, wie sie Zielambivalenz sogar für sich nutzen können, ohne sich gleich für ein Ziel entscheiden zu müssen.

Damit ist der Umgang erfahrener Unternehmer mit Zielambivalenz ein sehr wichtiger Bestandteil von Effectuation und einer der Gründe, warum diese im unbekannten Terrain so erfolgreich navigieren können.

Schlüsselfragen

- Sind Sie ziel- oder mittelorientiert?
- Wann waren Sie das letzte Mal so richtig zielambivalent?
- Wie treffen Sie Entscheidungen? Machen Sie sich bei der nächsten wichtigen Entscheidung Notizen darüber, was und wie Sie denken.

Exkurs: Kreativität

»In jedem Menschen steckt etwas von einem ermordeten Mozart.«

Antoine de Saint-Exupéry, Pilot & Schriftsteller

Nachdem nun mehrmals der Begriff „Kreativität" gefallen ist, möchte ich diesem ein paar Zeilen widmen.

Ich empfehle Ihnen die Lektüre eines Buches von James Adams mit dem Titel „Think! Einfach genial denken lernen". Egal ob Manager, Unternehmer oder Sachbearbeiter, wenn Sie es schaffen, Ihre mentalen Blockaden zu überwinden und in „alternierenden Denksprachen" zu denken, haben Sie die Chance, wirklich kreativ zu sein.

Adams beschreibt **vier mentale Blockaden.** Die **Wahrnehmungsblockaden,** welche verhindern, dass das eigentliche Problem oder die Information, die nötig ist, um es zu lösen, nicht erkannt wird. Stereotypisierung, die Überforderung der Sinnesorgane oder die Unfähigkeit, verschiedene Perspektiven einzunehmen sind einige der Gründe für diese Art der Blockade. Die **emotionale Blockade** wird z.B. durch Angst vor Versagen oder vor Risiko, aber auch durch das Fehlen von Flow-Erlebnissen verursacht; auch, wenn Ideen nur bewertet werden, anstatt sie selbst zu kreieren. Besonders Angst verursacht eine starke emotionale Blockade. Daher versuchen wir, Emotionen auszuweichen sowie Ideen und Situationen zu vermeiden, die solche Gefühle verursachen können. **Kulturelle Blockaden** wiederum werden durch Unterschiede in Herkunft, Religion, Alter oder Ethnie verursacht. Interkulturelle Unterschiede erschweren mitunter das Problemlösen, aber man kann den Erfolg multinationaler Teams dramatisch steigern, wenn z.B. interkulturelle Erfahrung vorhanden ist und eine Sensibilisierung erfolgt. Ist diese Erfahrung nicht vorhanden, so können Tabus, Humorlosigkeit, Traditionen und eine nicht-kreative Atmosphäre eine gute Problemlösung und somit Kreativität verhindern. Der letzte Typ sind **intellektuelle und Ausdrucksblockaden.** Diese werden durch die Wahl einer unpassenden Denksprache (verbal, mathematisch oder visuell) verursacht, durch geringe Flexibilität bei Problemlösungsstrategien, durch Computer (!) und fehlende oder falsche Information.

Adams schreibt dem Einsatz **alternierender Denksprachen** einen hohen Stellenwert zu, um mentale Blockaden zu vermeiden. Denksprachen unterscheiden dabei visuelles Denken und den Einsatz anderer Sinne. Allein die Kenntnis über mentale Blockaden kann schon helfen, nicht zum Opfer zu werden. Adams beschreibt acht Methoden und Übungen, um Blockaden aufzubrechen:

1. Fragen stellen
2. sich mit den richtigen Problemen beschäftigen
3. produktiv und flexibel denken
4. offene Denkmuster fördern
5. Ideen anderer nutzen
6. von anderen Disziplinen profitieren und interdisziplinäre Ansätze verwenden
7. sich durch verschiedene Kulturen und Umgebungen inspirieren lassen
8. unbewusste Blockaden aufbrechen

Neben Erläuterungen finden sich zahlreiche Übungen und Beispiele zu den einzelnen Punkten in seinem Buch, die jenseits von Kreativitätstechniken ein besseres Problemlösen alleine oder im Team ermöglichen oder auch das Generieren von (Geschäfts-)Ideen erleichtern.

Unternehmerische Gelegenheiten durch Innovation

»Jede Schöpfung ist ein Wagnis.«

Christian Morgenstern, Sprachkünstler

Joseph A. Schumpeter und Israel M. Kirzner, beide Ökonomen der österreichischen Schule, führten in ihren Theorien aus, dass Entrepreneure von disruptiven und weniger radikalen Innovation leben. Für sie sind Innovationen unternehmerische Gelegenheiten.

Das Wissen über mentale Blockaden, Problemlösetechniken und Techniken zum Generieren von Ideen schafft Wege, die mehr oder weniger systematisch zu Innovation führen können.

Innovation basiert auf neuer Information oder auch auf einem informationsabschöpfenden Prozess – etwas Neues, z.B. ein neues Produkt oder eine bestimmte neue Idee oder etwas, das zum ersten Mal auf eine bestimmte Art und Weise getan wird, wie z.B. ein Fertigungsprozess, ein Geschäftsmodell, eine Managementmethode. Wichtig dabei ist, dass Innovation auch zu einer realen Anwendung führt. Einen wichtigen Einfluss darauf hat die **Informationsisotropie**, d.h. welche Information für eine Lösung oder Entscheidung wirklich relevant ist (siehe auch Sarasvathy, 2008).

Ein Entrepreneur kann nun eine Innovation nutzen, kann eine unternehmerische Gelegenheit aus einer Innovation machen oder ist selbst ein Innovator, der eine Innovation durch ein neues Unternehmen in die Welt bringt. Dabei ist die Bewertung, ob es tatsächlich eine Innovation ist, schwierig, da der Unternehmer nicht alle Marktinformationen und verlässliche Daten darüber kennt. Es folgt das Dilemma, zu definieren, was die Innovation eigentlich ist. Er könnte ja schließlich auch eine am Markt bewährte Innovation imitieren oder modifizieren, beispielsweise einen neuen Energy Drink auf den Markt bringen, der die Markeneigenschaften von Red Bull imitiert.

Werkzeuge, um eine vermeintliche unternehmerische Gelegenheit zu bewerten und systematisch zu überprüfen, sind z.B. der „Opportunity Assessment Plan", das Tagebuch der unternehmerischen Gelegenheiten oder das POCD-Fit-Konzept. Egal welche Methodenkombinationen man einsetzt, am Schluss steht die Entscheidung, ob eine Geschäftsidee umgesetzt wird oder eben die unternehmerische Gelegenheit ausgebeutet werden soll. Nach dem kausalen Denken würde dieser Entscheidung die Entwicklung des Business Plans folgen. Im vereinfachten kausalen Gründungsprozess wäre dann der nächste Schritt die Akquirierung der nötigen Ressourcen, die Gründung und das Management des gegründeten Unternehmens.

Erkannt oder erschaffen?

Es bleibt die Frage bestehen, ob eine unternehmerische Gelegenheit erkannt oder erschaffen wird. Wenn man den Klassikern vertraut, lautet die Antwort: Sowohl als auch. Und das wird auch von neuen Forschungsergebnisse bestätigt (Sarasvathy, 2008).

Einen wichtigen Teil, wie schon erwähnt, nimmt dabei die **Informations- und Umweltisotropie** ein. Durch seine Ausbildung, Erfahrung ... kann der Unternehmer bereits wissen, dass eine bestimmte unternehmerische Gelegenheit existiert, die es wert ist, ausgebeutet zu werden.

Die **Isotropie** beschreibt ein Phänomen, welches für die weiteren Überlegungen wichtig ist. Denn es ist eben nicht alles von vornherein klar, genauso wenig, wie man immer weiß, welche Informationen bei der Suche nach einer Lösung relevant sind. Das führt uns wieder dazu, dass unter Unsicherheit die Konsequenzen von Entscheidungen und Handlungen nicht immer klar sind. Es ist manchmal höchst unklar, welchen Informationen und Daten Beachtung geschenkt werden soll und welchen nicht. Das Schaffen von neuen Märkten, Produkten usw. ist jedoch genauso ein isotropischer Prozess, d.h. der Unternehmer muss entscheiden, was zählt und was nicht, welche Information relevant ist und welche nicht. Schwierigkeiten entstehen natürlich, wenn man relevante Informationen für das aktuelle Problem ignoriert, was im schlimmsten Fall Nicht-Innovation oder das Nicht-Umsetzen einer unternehmerischen Gelegenheit bedeutet.

Wege, wie man damit umgehen kann, zeigen uns erfahrene Entrepreneure und wurden von Forschern wie Saras Sarasvathy, Stuart Read, Sankaran Venkataraman, Nicholas Dew, Robert Wiltbank u.a. über die letzten Jahre erforscht und beschrieben.

Schlüsselfragen

- Was tun Sie, um Ihre mentalen Blockaden aufzulösen? Kennen Sie sie überhaupt?
- Was war Ihre letzte Innovation, die Sie umgesetzt haben? Wie disruptiv oder radikal war sie und wie sind Sie zu ihr gekommen?
- Wie entscheiden Sie, welche Informationen für eine Lösung relevant sind?

Lesetipps

- Adams, J. (2004): **Think! Einfach genial denken lernen**, München, Econ.
- Drucker, P. F. (1998): **Die Praxis des Managements**, Düsseldorf, Econ.
- Malik, F. (2001): **Führen, Leisten, Leben**, Stuttgart, DVA.
- Sarasvathy, S. D. (2008): **Effectuation; Elements of Entrepreneurial Expertise**, Cheltenham, Edward Elgar Publishing.
- Knight, F. H. (2006): **Risk, Uncertainty and Profit**, New York, Dover Publications.

Links

- www.effectuation.org
- http://gp.co.at/works/jano/
- www.stayfocused.at

»Der beste Weg, die Zukunft vorherzusagen, ist sie zu schaffen.«

Peter F. Drucker (1909–2005),
Ökonom & Pionier der Managementlehre

Zweiter Teil: Effectuation

Effectuation – Theorie unternehmerischer Expertise

»Wenn du etwas lernen willst,
frage einen Erfahrenen und keinen Gelehrten.«
chinesische Weisheit

1997 begann Saras D. Sarasvathy ihre Reise. Während ihrer Dissertation bei Herbert Simon untersuchte sie **Entscheidungsprozesse erfahrener Entrepreneure.** Sie definierte dabei die Experten unter den Unternehmern als Personen, die allein oder im Team ein oder mehrere Unternehmen gegründet hatten, mindestens zehn Jahre unternehmerisch tätig gewesen waren und zumindest ein Unternehmen an die Börse gebracht hatten.

Für ihre Forschungsarbeit traf sie sich mit diesen, indem sie eine Liste mit den Top-Entrepreneuren der USA als Akquisitionstool nutzte, und hörte sich deren Geschichten an. Die 30 Unternehmer, die an dieser ersten Studie teilnahmen, lösten darin mehrere Entscheidungsprobleme über ein fiktiv angenommenes Unternehmen und sprachen währenddessen laut darüber, was sie dachten. Mittels einer Protokollanalyse arbeitete Sarasvathy sich durch die 80 Stunden Sprachaufnahmen und 1.500 Seiten an Daten. Was ihr während der Interviews schon auffiel, machten die gesammelten Protokolle deutlich: Erfahrene Entrepreneure zeigten eine ausgeprägte Art logischen Denkens, die sehr rational und vor allem unternehmerisch war, aber eben doch anders als das klassisch kausal-logische Denken. Sarasvathy identifizierte daraus Prinzipien, wie erfahrene Entrepreneure denken und handeln. Sie nannte diese Denklogik **„Effectuation"**. Über 63 Prozent der teilnehmenden Unternehmer wandten in 75 Prozent der Zeit, also während des Lösens der Aufgaben, Effectuation an.

Andere unabhängige Studien und Forschungsprojekte über Experten- vs. Novizentum[6] folgten, wie z.B. ein Vergleich zwischen erfahrenen Marketingmanagern und MBA-Studenten oder zwischen Business Angels und Risikokapitalgebern. 89 Prozent der Experten wandten bei den Problemstellungen ebenfalls häufiger ein effectual-logisches Denken an. Novizen hingegen wandten in 81 Prozent der Fälle kausal-logisches Denken an. In den Studien wurden Protokollanalysen, Fallbeispiele und Geschichten neu gegründeter Unternehmen und neu geschaffener Märkte verwendet. Tatsächlich lieferten die Ergebnisse ebenfalls Beweise für ein effectual-logisches Denken bei den Entscheidungsfin-

---

[6] Im Sinne davon, dass eine Person neu in einem Fachgebiet ist, dieses gerade lernt bzw. wenig praktische Erfahrung aufweisen kann.

dungsprozessen erfahrener Entrepreneure und Experten. Effectuation ist deren bevorzugte Art, zu denken.

Effectuation begründet somit eine **Theorie unternehmerischer Expertise** und Erfahrung. Schlägt man den Begriff „Effectuation“ in Off- und Online-Wörterbüchern nach, so wird der englische Begriff mit „etwas bewirken“, „verwirklichen“, „umsetzen“ oder auch „einen praktischen Nutzen erzeugen, um etwas zu erreichen“ umschrieben. Das Verb „to effectuate“ wird mit „etwas bewirken, erzielen und herbeiführen“ übersetzt. Die effectuale Denklogik kann im Deutschen auch als die Logik der unternehmerischen Wirkung bezeichnet werden – dies unterstreicht und betont für mich den unternehmerischen Entscheidungs- und Handlungsaspekt der Effectuation.

Saras Sarasvathy (2008) erklärt Effectuation gerne am Beispiel, wie gekocht werden kann. Es gibt **zwei Arten zu kochen**. Einerseits kann der Koch ein bestimmtes Essen auswählen, aus dem Kochbuch die passenden Rezepte aussuchen und im Supermarkt die richtigen Zutaten kaufen. Wieder zu Hause, verarbeitet er diese und kocht das Essen genau nach Rezept. Im anderen Fall führt der erste Weg des Kochs zum Kühlschrank und zu den Küchenkästchen. Dort finden sich unterschiedliche Zutaten und Werkzeuge und schön langsam formt sich vor dem Auge des Kochs ein Bild, welches Essen er damit machen könnte, vielleicht spricht er auch noch mit Familie oder Freunden darüber, was sie gerne essen würden. Während des Anrichtens findet er noch die eine oder andere passende Zutat und schön langsam ergibt sich das fertige Menü. Ein paar Minuten später, nach einem Telefongespräch mit einem Freund oder auch der Entdeckung einer Dose Kapern, würde es zu einer ganz anderen Entscheidung kommen, welches Essen gekocht werden soll.

Wissen Sie schon, welche Art zu kochen der effectualen Logik entspricht?

Im ersten Fall startet ein kausaler Prozess, indem sich der Koch für ein bestimmtes Menü entscheidet und dann versucht, dieses Ziel möglichst effektiv zu erreichen. Von Mal zu Mal kann er dabei effizienter werden. Im zweiten Fall hingegen startet der Koch mit dem, was da ist, mit der Küche, mit dem Kühlschrank, den Zutaten, den Werkzeugen ... und schafft mögliche, oft unerwartet neue Gerichte aus dem Vorhandenen.

Wie würde der effectuale Koch aber einkaufen? Nicht mit einer Einkaufsliste aus dem Rezeptbuch. Vielmehr würde er sich entweder vom Zufall treiben lassen, erst sehen, welche Angebote es gibt, sich vielleicht mit dem Fleischer über verschiedene Fleischsorten und deren Zubereitungsarten unterhalten oder auch nur nach momentaner Lust und Laune einkaufen.

Im ersten Teil dieses Buches haben wir schon die Grundzüge von Effectuation kennengelernt und vor allem auch den Problemraum beschrieben, in dem sich Effectuation besonders bewährt.

Welche Elemente machen Effectuation also aus? Sie haben bereits die drei Elemente des effectualen Problemraums kennengelernt:

Risiko spielt hier eine untergeordnete Rolle, vielmehr sind Situationen, in denen **echte Unsicherheit nach Knight (Ungewissheit)** gegeben ist, ein wesentliches Element von Effectuation. Bei diesen ist die Zukunft nicht vorhersagbar und Wahrscheinlichkeiten für zukünftige Handlungskonsequenzen können nicht berechnet werden – eine Wahrscheinlichkeitsverteilung ist somit nicht bestimmbar. Weiters gibt es die Situation der **Zielambivalenz**, wo weder bestimmte Vorlieben vorhanden noch bestimmt sind. Das dritte Element ist die **umweltbedingte Isotropie**, hier geht es um Situationen, wo unklar ist, welche Teile der Umwelt (andere Unternehmen, Technologien ...) und welche Informationen (Marktdaten, Patente ...) für Entscheidungen wichtig sind und welche nicht. Diese drei Elemente machen Effectuation aus.

Sprechen wir nun von einem Sack (siehe auch die Beispiele bei Risiko – Unsicherheit – Ungewissheit), von dem niemand den Inhalt kennt – doch jedes Mal, wenn man in den Sack greift, kostet es Geld und niemand weiß, ob er einen roten oder faulen Apfel erhalten oder gar in Glasscherben greifen wird. Natürlich bleibt es jedem selbst überlassen, ob er es wagt, in diesen Sack zu greifen oder nicht. Schließlich kann man ja auch einer anderen Tätigkeit nachgehen. Etwaige Hinweistafeln oder Symbole, in einer unbekannten Sprache und in großer Zahl, machen die Entscheidung nicht einfacher, da die Bedeutung dieser Hinweise unklar bleibt.

Ein effecutaler Denker würde andere Wege finden, mit dieser Situation umzugehen. Er könnte z.B. grüne

Äpfel, die er selbst hat, in den Sack werfen und andere überreden, es ihm gleichzutun. Schon würde sich die Unsicherheitssituation verändern, nun weiß man zumindest, es gibt grüne Äpfel im Sack. Genauso könnte er im Gespräch mit anderen herausfinden, was die Hinweistafeln und Symbole bedeuten, oder gar eigene aufstellen.

Setzen Sie nun den Sack mit einem neu zu schaffenden Markt oder auch einem neu einzuführenden Produkt gleich. Wie würden Sie vorgehen?

Die Prozesselemente im Effectuation-Netzwerk

Effectuation ist ein Prozess, der mit einer **Bestandsaufnahme** des Vorhandenen beginnt. Fragen wie „Wer bin ich?“, „Was weiß ich?“ und „Wen kenne ich?“ sind der erste Schritt. Der erfahrene Entrepreneur macht somit eine Inventur seiner Identität, seines Wissens und seiner sozialen privaten und professionellen Netzwerke.

Identität hängt von Erfahrung und Wissen ab und kann auch durch diese verändert werden, wie auch durch die Kontakte in den sozialen Netzwerken und andere Wechselwirkungen. In der Kombination definiert die Bestandsaufnahme die **zur Verfügung stehenden Mittel** – „Was habe ich?“ (Sarasvathy, 2001 a).

Wichtig bei diesem Prozess ist es, rasch in ein Handeln und Umsetzen zu kommen, und genauso, dass in **Austausch und Interaktion** mit anderen Menschen aktiv Zeit investiert wird. Der Fokus liegt dabei auf dem „Was kann ich machen?“ und die Frage ist daher: „Was kann ich umsetzen?“ und nicht: „Was soll man tun?“

Sobald man mit Freunden, mit Bekannten aus dem Business Club kommuniziert, entsteht eine Dynamik, wenn sich diese auch in den Prozess einbringen. **Vereinbarungen** werden getroffen, die zunächst noch recht vage sind, aber schlussendlich zu einem Commitment, zu einem gemeinsamen Wagnis werden können.

Ein Beispiel dafür ist U-Haul International, Inc. (Sarasvathy, 2001), Mitte des letzten Jahrhunderts. Heute ist U-Haul[7] ein etablierter Übersiedlungs- und Lagerungsdienstleister. Gegründet wurde aber mit geringen Kapitalmitteln, dafür lief der Aufbau des Partner-Netzwerkes umso besser. L. S. „Sam“ Shoen und seine Frau, die Gründer, gewannen ihre ersten Partner in Form der ersten Mieter in verschiedenen Städten. Später kamen auch Tankstellen hinzu, an denen sie ihre Anhänger werbewirksam platzieren und kostenfrei parken konnten, was administrativ entlastete. Familienmitglieder, Investoren und Freunde wurden zu Co-Investoren, indem sie Fahrzeuge und LKWs kauften, die Shoen wieder anmietete. Die Marketingaktivitäten bestanden aus einem Eintrag in den Gelben Seiten, dem Lackieren der Anhänger und Fahrzeuge in Orange, versehen mit einem „U-Haul“-Schriftzug und ihrer Werbebotschaft, genauso wie in einem Word-of-Mouth-Marketing (Mundpropaganda) durch das wachsende Netzwerk.

---

7 www.u-haul.com

Denkt man weiter, so ergibt sich deutlich, dass jede neue Vereinbarung, wie sich zu einem Thema zusammenzusetzen, bestimmtes Wissen auszutauschen, einen Expertenkontakt zu einer Frage herzustellen, zu investieren, dazu führt, dass neue Mittel mit an Bord kommen, aber auch neue mögliche Endergebnisse gedacht und geschaffen werden können.

Über die Zeit wächst so ein **effectuales Netzwerk.** Es wird zu einem unternehmerischen Wirkungsnetzwerk und die Mittel und Ressourcen beginnen sich zu akkumulieren. Doch ein gegenläufiger Prozess läuft parallel: Neue Zielvarianten führen durch Vereinbarungen zu einer Einschränkung der Handlungsfreiheit. Dadurch werden mögliche und zukünftige Ziele eingeschränkt veränderbar und es kommt auch immer mehr zu einer Einschränkung und Fokussierung darauf, wer nun mit an Bord ist und wer noch dazu kommen kann und darf. Somit formt sich langsam ein fixes, aber nicht unabänderliches Stakeholder-Netzwerk aus.

Sollte es durch die Stakeholder und Partner zu „keinem Ende“ in dem Prozess kommen, z.B. weil deren Commitment zurückgezogen wird, so können sich auch wieder neue Handlungsfreiheiten und Mittelkombinationen ergeben. Führt der dynamische Prozess jedoch zu bestimmten Zielen, so fließen die akkumulierten Mittel und Ressourcen wie auch die sich konkretisierten Ziele und die strategischen Partnerschaften (Stakeholder Netzwerk) zu einem neuen Unternehmen, neuen Produkt oder einem anderen menschlichen Artefakt zusammen.

Bei der Gründung von Unternehmen kann man somit auch von einem **effectualen Gründungs- und Entscheidungstunnel** sprechen, der über die Zeit immer enger wird (bestimmt durch die Mittel, Ziele und Handlungsfreiheiten, bis zu dem Punkt, wo tatsächlich eine (Geschäfts-)Idee umgesetzt wird.

Die Anwendung eines effectualen Prozesses ist mittlerweile für eine Vielzahl von Situationen und Beispielen denkbar. Überall dort, wo eine Unsicherheit nach Knight, Zielambivalenz und Isotropie aufeinandertreffen, wird es spannend.

Die 5 Prinzipien von Effectuation

Je nach Zeitpunkt, Situation und Kontext benutzt der Entrepreneur die entsprechende Logik: Er kann sowohl kausal- als auch effectual-logisch denken. Erfahrene Unternehmer bevorzugen Effectuation in der Gründungsphase eines Unternehmens, mit dem Wachstum der Firma wenden sie dann immer kausalere Denkansätze an. Das ist auch meistens der Punkt, wo Entrepreneure Schwierigkeiten haben. Dort, wo das Unternehmen sehr groß wird, und sie ihre Entscheidungs-, Denk- und Handlungsansätze verändern müssen, wie auch ihre Muster, Strategien zu entwickeln. In einem fortgeschrittenem Entwicklungsstadium eines Unternehmens wird dieses voraussagbarer, genauso wie ein entwickelter Markt durchschaubarer wird. Dort wird dann auch verstärkt kausal-logisches Denken angewandt und es werden vor allem Manager zur Unternehmensführung eingesetzt.

In der Theorie, aber auch in Fallstudien ersichtlich, ist Effectuation ein Gegenpol zu Kausalität (Sarasvathy, 2001 a). Das heißt, sie invertiert Schlüsselentscheidungskriterien konventionellen Managements:

- Effectuation bevorzugt den leistbaren Verlust, während konventionelles Management sich auf den erwarteten Ertrag fokussiert.
- Effectuation baut auf strategische Allianzen und Partnerschaften, während kausale Logik auf Analyse setzt.
- Effectuation betont die Nutzung von Zufällen, während kausales Denken vorhandenes Wissen und Prognosen auswertet.

Effectuation hilft somit zu konstruieren und nicht nur dabei, aus verschiedenen Möglichkeiten auszuwählen.

Das Eishotel[8] wird im Herbst aus Eis und Schnee errichtet. Mittlerweile an mehreren Standorten in Skandinavien und Nordamerika, ist es ein Beispiel dafür, wie ein Markt, Produkt, eine Marke konstruiert werden können. In einer Case Study beschreibt Sarasvathy (2009) die Gründungsstory des Eishotels durch Yngve Bergqvist am ersten Standort in Schweden in Jukkasjärvi, nur

[8] www.icehotel.com

ca. 200 km nördlich des Polarkreises. Bergqvist schuf nicht nur eine völlig neue touristische Erlebnis- und Hotelkategorie komplett aus Eis[9], sondern kreierte in einer kommerziell unerschlossenen Region eine touristische Nachfrage (Markt). Sein Unternehmen, das im Sommer Flusstouren anbot, zog nun auch im Winter Touristen an, so wurde gleichzeitig die Region belebt. Da zunächst keiner an die Idee geglaubt hatte, Bergqvist es aber trotzdem schaffte, ein nachhaltiges Geschäftsmodell zu konstruieren, stellt sich die Frage, wie ihm dies gelungen ist.

Eine Antwort findet sich in den Prinzipien der Effectuation. So war Bergqvist fähig, einen vermeintlichen Nachteil (Klima, Eis und Schnee) der Region in einen Vorteil für sein unternehmerisches Konzept zu verwandeln. Genauso konnte er Zufälle für sich nutzen. Die Ressource für sein Unternehmen ist Eis – er stieß durch Zufall darauf, bei einem Eisskulpturen-Wettbewerb in Japan. Bergqvist holte den Wettbewerb nach Schweden und baute ihn weiter aus. Einige der Gäste übernachteten während einer Ausstellung spontan in der „Artic Hall", einem Iglu – komplett aus Eis. Der letzte Schritt zum Erfolg wurde allerdings durch Partnerschaften mit einem japanischen Reisebüro und die bekannte Eisbar in Kooperation mit Absolut Vodka getan. Über die Jahre wurden die Ice Hotel Gebäude immer komplexer und größer. Mittlerweile gibt es weltweit über neun ähnliche Konzepte.

---

[9] Selbst die Vodka-Gläser sind aus Eis.

Sarasvathy konnte in ihrer Studie fünf Prinzipien und Praktiken erfahrener Entrepreneure identifizieren. Jedes dieser Prinzipien steht auch für Methoden einer nicht-prognostischen Kontrolle der Zukunft. Diese fünf Prinzipien erklären, warum erfahrene Entrepreneure Zukunft schaffen können.

1: Mittelorientierung

»Wir sind das, was wir denken. Alles, was wir sind, kommt von unseren Gedanken. Mit unseren Gedanken bauen wir die Welt.«

Buddha – ein Gedanke

Das Prinzip der Mittelorientierung (Bird-in-Hand Principle) geht von drei W-Fragen aus: „Wer bin ich?", „Was weiß ich?" und „Wen kenne ich?" Der Entrepreneur startet mit diesen Fragen, um neue Wirkungen zu kreieren.

Bereits am Beispiel, wie man ein Essen kochen kann, war das zu sehen. Bei kausalen Modellen steht das Ergebnis, hier: ein bestimmtes Menü, bereits von vornherein fest. Ein Koch, der jedoch eine effecutale Vorgehensweise verwendet, wird mit hoher Wahrscheinlichkeit ein vollkommen neues Gericht oder Menü zubereiten.

Der Unterschied liegt darin, wie ein Problem angegangen wird: Eine Wirkung wird verursacht (kausaler Koch) oder erzeugt (effectualer Koch). In der Praxis werden beide Denklogiken gleichzeitig, überlappend und ineinandergreifend angewandt, abhängig vom Entscheidungs- und Handlungskontext, wie auch von der Erfahrung des Entrepreneurs.

Das Starten mit den eigenen Mitteln bestimmt vor allem im frühen Gründungsprozess die Strategien. So wird dadurch z.B. festgelegt, in welcher Form der Entrepreneur sein Unternehmen starten möchte. Vielleicht wählt er auch eine Bootstrapping-Strategie, weil er nur eingeschränkten Zugang zu einer externen Finanzierung hat, oder vielleicht bildet er Partnerschaften, die auch mit Finanzmitteln aushelfen können, wie z.B. mit Business Angels, Lieferanten und Kunden ... Eine Strategie, die beispielsweise auch Jeff Bezos bei der Gründung von Amazon.com angewendet hat.

Effectuation ermöglicht dem Entrepreneur eine oder mehrere Realitäten und Ergebnisse zu erzeugen, die wiederum zu ganz unterschiedlichen Unternehmenstypen, Projekten und Produkten werden können, unabhängig vom konkreten Ziel. Die Logik unternehmerischer Wirkung gestaltet dadurch eher neue Märkte, als dass sie diese plant.

2: Leistbarer Verlust

»Man läuft Gefahr zu verlieren,
wenn man zu viel gewinnen möchte.«
Jean de la Fontaine, fabelschreibender Anwalt

Effectuatoren streben nicht den erwarteten Ertrag an, sondern überlegen sich, was der mögliche „leistbare Verlust" sein kann (Affordable Loss Principle). Kausale Modelle versuchen, den Gewinn zu maximieren, indem sie die optimale Strategie auswählen. Im Vergleich dazu definiert ein effectuales Vorgehen, wie viel der Entrepreneur bereit ist zu verlieren – und welche der beschränkt zur Verfügung stehenden Mittel, durch eine Art Hebelwirkung, wiederum neue Mittel und mögliche Endergebnisse erzeugen können.

Die Risikowahrnehmung ist von Mensch zu Mensch unterschiedlich, genauso wie von einem Unternehmer zum anderen. Sie ist auch von der jeweiligen Lebensphase und den Umständen abhängig. Durch die Anwendung des Prinzips des leistbaren Verlustes muss der Entrepreneur sich weniger auf Prognosen verlassen, kann sein Risiko überschaubarer machen und vor allem unter unsicheren Bedingungen besser entscheiden.

Bei ihren Forschungen fand Sarasvathy heraus, dass erfahrene Unternehmer immer die günstigste Alternative auswählen oder Dinge nahezu ohne eigene Kosten erledigen. Pierre Omydiar, der Gründer von eBay, ging genau nach dieser Überlegung vor (Sarasvathy, 2008) und handelte nach diesem Prinzip. Dadurch, dass er eBay in seiner Freizeit, aus einem Hobby heraus entwickelte und Omydiar sein Geld im Job verdienen musste, waren die Geldmittel knapp. So konzipierte er eBay von Anfang an als „automatisches“ System – möglichst einfach.

Mit dem weit verbreiteten Irrtum des Draufgängertums kann somit aufgeräumt werden. Entrepreneure sind risikoscheu und kostenbewusst, das ist ihre Einstellung und Grundhaltung. Erfahrene Unternehmer sind in der Lage, das Prinzip des leistbaren Verlustes in eine Nullkosten-Marktstrategie zu übersetzen. Das zwingt sie dazu, Stakeholder zu suchen, die sich mit Geld oder anderen Mitteln beteiligen, und hilft ihnen flexibler zu bleiben, weil sie sich nicht frühzeitig an ein theoretisches oder bereits gedachtes Markt- und Strategiegefüge binden. Stattdessen sind sie offen für neue Überraschungen, lassen Märkte hinter sich und erschaffen andere neu. Es bedeutet aber auch, dass sie Situationen auf Basis der Netzwerke, der getroffenen Vereinbarungen und der daraus entstehenden Möglichkeiten laufend bewerten müssen, da sich dadurch auch der „leistbare Verlust“ laufend verändert.

3: Strategische Partnerschaften und Allianzen

»Zusammenkommen ist ein Anfang.
Zusammenbleiben ist ein Fortschritt.
Zusammenarbeiten ist ein Erfolg.«
Henry Ford, Konstrukteur & Industrieller

Der Kern dieses Prinzips (Crazy Quilt Principle) ist es, strategische Partnerschaften aufzubauen, anstatt sich mit der Wettbewerbsanalyse zu beschäftigen. Der Entrepreneur schafft dies, indem er bereits engagierten und ihm verpflichteten Stakeholdern erlaubt, auch zu dem neuen Unternehmen, Vorhaben ... beizutragen. So folgt der Interaktion die Zusammenarbeit. Dies geschieht unabhängig von Opportunitätskosten[10] und davon, ob jemand schlussendlich an Bord kommt oder nicht. Es gilt das Sprichwort „Besser der Spatz in der Hand als die Taube auf dem Dach".

Die Strategie erfahrener Entrepreneure ist es, es zu schaffen, dass sich wichtige Stakeholder selbst durch Vorvereinbarungen an die Idee und das Projekt binden. Dadurch wird Unsicherheit reduziert.

In der Gründungsphase macht eine Wettbewerbsanalyse für erfahrene Unternehmer keinen Sinn, da sie den Markt als nicht vorherbestimmt oder existent annehmen. Erinnern Sie sich hier auch an das Beispiel

---

[10] Opportunitätskosten sind ein ökonomisches Konzept. Wird aus mehreren Alternativen ausgewählt, so gibt es Opportunitätskosten, also einen entgangenen Nutzen der alternativen Möglichkeiten.

U-Haul International, Inc. Von Beginn an wurden dort Partnerschaften aufgebaut und dann mit Hilfe dieser Partner ein zuvor nicht definierter – nichtexistenter! – Markt gemeinsam neu geschaffen. Anpassungsfähigkeit ist beim Bilden solcher Partnerschaften wie auch beim Verhandeln und Treffen von Vereinbarungen wichtig. Als weiteres Beispiel kann auch Barack Obamas Web 2.0-Wahlkampf gesehen werden, im dritten Teil dieses Buches finden Sie dazu Näheres.

4: Zufälle und Überraschungen

»Das Geheimnis für den Erfolg im Leben besteht darin, die Gelegenheiten in dem Augenblick zu nutzen, in dem sie auftreten.«

Benjamin Disraeli, untypischer Konservativer & Politiker

Das Prinzip der Zufälle und Überraschungen (Lemon Principle) wandelt das Unerwartete in eine unternehmerische Gelegenheit um. „Wenn Dir das Leben Zitronen gibt, dann mach Zitronenlimonade!“, sagt ein englisches Sprichwort. Dieses ist auch die Quintessenz des vierten Effectuation-Prinzips. Erfahrene Unternehmer haben die Fähigkeit, das Unerwartete in etwas Wertvolles und Profitables zu verwandeln. Ergebnis eines solchen Prozesses sind z.B. die Post-It Notizzettel (ein schwacher Klebstoff wurde auf einmal nützlich). Genauso kann sich auf einmal ein Markt oder Produkt unvorhergesehen verändern, indem z.B. eine neue Technologie eingeführt wird, ein neuer Kunde auftaucht oder Rohstoffproduzenten wegfallen etc.

Effectuatoren gehen bei diesem Prinzip so vor, dass sie einerseits Zufälle und Überraschungen als normal und vorhanden akzeptieren und sich andererseits nicht in ein Ziel oder eine Handlungsalternative verrennen. Sie treffen Entscheidungen so, dass möglichst viele Handlungsoptionen offen bleiben, und diese auch erweitert werden können. Dadurch können sie theoretisch auch immer aus einem großen „Zielvorrat" wählen.

Ein illustratives Beispiel dafür aus einem Unternehmen ist die Geschichte des österreichischen Lebensmittelproduzenten „Felix Austria". Im burgenländischen Mattersburg wird nicht nur Ketchup in verschiedenen Varianten produziert, sondern mittels spezieller Produktionsverfahren werden auch hochwertige Saucen und Fertiggerichte ohne Konservierungsstoffe und Geschmacksverstärker hergestellt. In den 60er Jahren produzierte Felix Austria noch für einen Schweizer Lebensmittelkonzern Babynahrung in Gläsern. Das Geschäft lief gut, bis zu dem Tag, an dem sich der Schweizer Konzern dazu entschloss, die Produktion selbst zu übernehmen und die Babynahrung unter einer eigenen Marke, die es heute noch gibt, zu vermarkten. Damals eine mittelgroße Katastrophe – doch einer der Entwicklungsingenieure hatte die zündende Idee. So wurden Überlegungen angestellt, was man mit diesem speziellen Know-how noch produzieren könnte, fast wie im Prinzip der Mittelorientierung

(Prinzip # 1). Kurz gesagt ist Babynahrung eine qualitativ hochwertige Fertigkost in breiiger Form, welche in sterilisierte Gläser abgefüllt wird – und Felix hatte bereits damals das Wissen, um alle Produktionsschritte durchzuführen. Nachdem man sich von der bösen Überraschung erholt hatte, einen so guten Auftrag verloren zu haben, lautete die Frage: Welches Produkt, das diese Merkmale hat, können wir noch produzieren?

Es gab die pfiffige Idee dazu. Seitdem können Sie Felix-Sugo im Supermarkt kaufen. Für Felix Austria war es die Nutzung der eigenen Mittel (Wissen) in Kombination mit der Fähigkeit, aus dem überraschenden Verlust eines wichtigen Kunden eine nachhaltige Produktgruppe zu etablieren, die nun bereits seit über 40 Jahren auf dem Markt ist.

5: Steuern ohne Vorhersage

> *»Wir machen uns die Welt, wie sie uns gefällt.«*
>
> *Pipi Langstrumpf, ein freches neunjähriges Mädchen mit Sommersprossen*

Dieses letzte Prinzip führt uns zu der Prozesslogik zurück. Bei dem Prinzip des Steuerns ohne Vorhersage (Pilot-in-the-Plane Principle) fokussiert sich der Entrepreneur auf die Aspekte, die er, sie oder ein Partner selbst kontrollieren kann – und weniger auf Handlungen auf Basis von Prognosen. Jene, die kausal-logisch denken und entscheiden, verlassen sich genau auf diese Prognose einer unsicheren Zukunft und handeln danach. Durch das „Steuern ohne Vorhersage" werden die anderen vier Prinzipien in einer Logik der nicht-prognostischen Kontrolle kombiniert. Die beschriebene Knight'sche Unsicherheit ist dabei oft das Fenster zu einer unerwarteten unternehmerischen Gelegenheit und das ist der Punkt, wo Entrepreneure benötigt werden. Erfahrene Unternehmer trauen keinen Prognosen, Vorhersagen und Marktforschungsergebnissen. Sie trauen ihrer Erfahrung!

Schlüsselfragen (nach Read u.a., 2007)

- Haben Sie eine Bestandsaufnahme Ihrer Mittel gemacht?
- Haben Sie ein Worst-Case-Szenario untersucht und Mechanismen entwickelt, wie Sie sein Eintreten überleben können?
- Wer kann und will mit Ihnen eine unternehmerische Gelegenheit erschaffen?
- Sind Sie für positive Überraschungen offen?
- Ist Ihre Umwelt stabil genug, dass Sie zukünftige Entscheidungen und Handlungen zuverlässig von Daten aus der Vergangenheit ableiten können?

Die Logik der unternehmerischen Wirksamkeit

Die Logik der unternehmerischen Wirkung basiert auf der Annahme, dass wenn wir die Zukunft kontrollieren können, wir sie nicht vorhersagen müssen. Oder anders gesagt, das, was wir kontrollieren können, brauchen wir nicht zu prognostizieren. Im Gegensatz dazu formuliert sich die kausale Logik aus der Prämisse, dass wenn wir die Zukunft vorhersagen, wir sie auch kontrollieren können.

Effectuation ist damit ein Denkansatz zum Gestalten von Zukunft und nicht dafür, um aus verschiedenen Gegebenheiten auszuwählen (Sarasvathy, 2008).

Eines ist klar: Zukunft ist immer unsicher, egal welcher prognostischer Werkzeuge Sie sich bedienen. Es ist jedoch so, dass es verschiedene Arten von Unsicherheit gibt.

Bei einem Risiko kann eine Wahrscheinlichkeit, z.B. die Fünzig-Fünzig-Chance, ausgerechnet werden. Bei der Unsicherheit kann eine unbekannte Verteilung im Sack oder am Markt über die Zeit herausgefunden werden. Die Zukunft ist hier unsicher, kann aber gelernt werden. Das ist sozusagen die Domäne der Marktforschung, dort, wo durch oftmaliges Ziehen bzw. Befragen ein Verteilungsmodell erstellt werden kann. Bei Ungewissheit oder der echten Unsicherheit nach Knight kann nicht gelernt werden, wie die Verteilung aussieht, da sie vollkommen unbekannt ist. Wie auch immer die anfängliche Verteilung im Sack oder am Markt ist, ich fahre fort, grüne Äpfel zu akquirieren und diese in den

Sack zu geben. Ebenfalls halte ich nach anderen Leuten Ausschau, die grüne Äpfel besitzen und versuche sie zu überreden, Partner zu werden und ebenfalls ihre Äpfel dem Sack hinzuzufügen.

Eine der Aussagen, die man ebenfalls treffen kann, ist, dass effectuale Logik von Menschen abhängt, während kausale Logik ergebnisabhängig ist. Das bedeutet, bei Effectuation sind Firmen, Märkte und Produkte menschliche Artefakte.[11]

Um mit Effectuation Neues in die Welt zu bringen, ist Co-Kreation[12] und die Eingrenzung auf das, was der Entrepreneur bereit ist zu verlieren, wesentlich. Erst durch das Eingehen eines unsicheren Wagnisses, wie ein neues Produkt auf den Markt zu bringen oder überhaupt gleich ein komplett neues Marktsegment zu erschaffen, schafft man eine Zukunft.

Wir wir nun schon mehrmals herausgearbeitet haben, ist Effectuation besonders in den Bereichen wirksam, wo die Einflussmöglichkeiten von Vorhersage und Kontrolle zu diskutieren sind. Zur Verdeutlichung des Zusammenhanges leistet die klassische Produkt-Markt- oder auch Ansoff-Matrix aus dem strategischen Management wertvolle Dienste. In der Abbildung ist nun genau der Bereich markiert, in dem Effectuation ihre größte Wir-

---

[11] Menschliche Artefakte (wie Firmen, Märkte und Produkte) meint in diesem Zusammenhang: Durch Menschen geschaffene, herbeigeführte Veränderungen und Ergebnisse. So ist eine Unternehmensgründung ein menschliches Artefakt.

[12] Bei der Co-Kreation oder Co-Schöpfung ist jeder sich bindende Partner oder Stakeholder ein Mitschöpfer eines menschlichen Artefaktes.

kung entfalten kann. Der Punkt der höchsten Wirksamkeit ist der **Suizid- oder Todesquadrant** – dort, wo neue Produkte auf neue Märkte treffen.

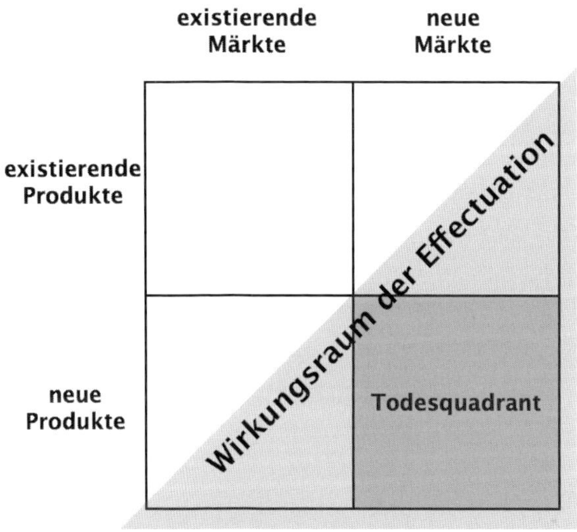

Der Todesquadrant ist der größte Entfaltungsbereich von Effectuation.
Quelle: nach Sarasvathy (2001 a)

Spielerische Dynamik gewinnt!

»Entweder finden wir einen Weg oder wir bauen einen.«
Hannibal, Feldherr

Ein Kind, das gehen lernt, fällt hin und die ersten Schritte sind bei weitem noch nicht trittsicher. Doch das stetige Üben, die Erfahrung, das Entdecken neuer Bewegungen und das Spielen mit anderen machen die Schritte mit der Zeit sicherer. Das Element des Zufalls und der Improvisation beim Erobern einer neuen Spielwiese verliert dadurch auch immer mehr seine unsicheren Zufälligkeiten und erlaubt dem Kind schließlich, aufrecht und aufmerksam durch den Alltag zu gehen und die Welt neu zu entdecken.

Auf dieser Basis entwickelte Saras Sarasvathy das dynamische Modell der Effectuation. Es verdeutlicht, wie erfahrene Entrepreneure, die neue Märkte, Produkte oder Dienstleistungen entwickeln wollen, denken und handeln.

Die drei W-Fragen (Identität, Wissen und Netzwerke) sind der Startpunkt des Modells. Beim Beantworten der Fragen werden auch mögliche Handlungsalternativen entwickelt. Dabei ist das Wechselspiel mit dem eigenen sozialen Netzwerk besonders wichtig, also mit den Leuten, die man kennt oder trifft. Geschieht dies, versucht der Entrepreneur mit diesen bindende Vereinbarungen auszuverhandeln, was in letzter Konsequenz zu einem Netzwerk aus Stakeholdern führt, das an einer möglichen gemeinsamen Unternehmung arbeitet. Dabei werden die unterschiedlichen Interessen und Mittel so kombiniert, dass ein neues wertschaffendes Unternehmen, Produkt oder Service entsteht. Dieser Prozess wurde schon beschrieben und führt im Verlauf immer wieder zu neuen Mitteln und auch neuen möglichen Zielen. Durch den Prozess werden die Entscheidungs- und Handlungsmöglichkeiten des Entrepreneurs immer enger und fließen zu einem Endergebnis, welches ein neues Unternehmen oder Produkt sein kann. In letzter Konsequenz ist das schlussendliche Ergebnis die Gründung eines Unternehmens.

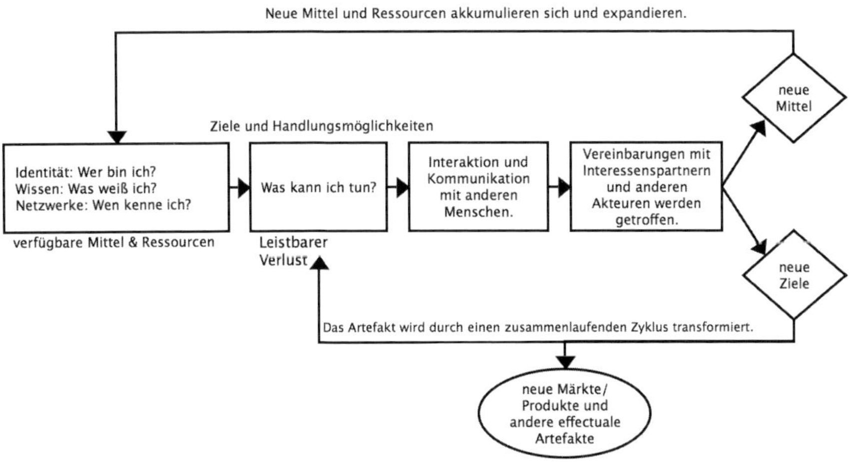

Das dynamische Modell der Effectuation.

Quelle: nach Sarasvathy (2002)

Im Gegensatz dazu steht der vorhersagende Prozess bzw. die kausale Logik. In diesem Fall wird z.B. ebenfalls eine unternehmerische Gelegenheit identifiziert. Die Ziele und die dazu nötigen Mittel werden spätestens mit dem Business Plan als Werkzeug definiert. In einem kausalen Prozess passen sich die Ressourcen und Stakeholder an die Umwelt an, die sich im Zeitverlauf verändert. Streng genommen sind sie lernfähig, indem sie aus vergangenen Erfahrungen lernen und darauf reagieren. Die folgende Darstellung bildet somit auch einen klassischen Gründungsprozess ab.

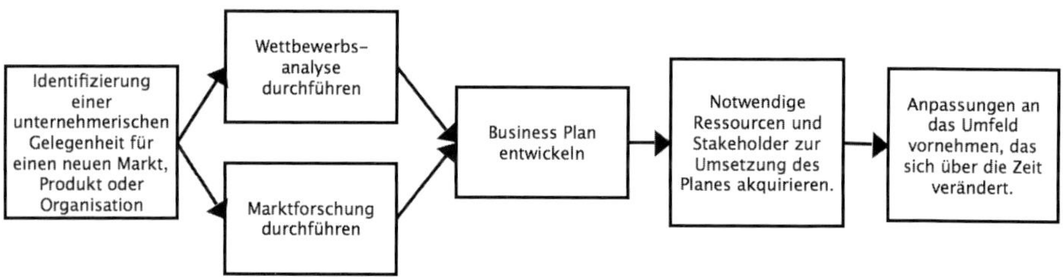

Das Prozessmodell der Prognose oder kausalen Logik.
Quelle: nach Read u.a. (2007)

Exkurs: Effectuation ist nicht ...

Effectuation ist eine alternative Denklogik zum kausallogischen Denken. Saras Sarasvathy (2002) beschäftigte sich auch damit, was Effectuation *nicht* ist. Eine solche Definition ist einerseits sinnvoll, um die Theorie zu bilden, und andererseits, um Forschungs- und Anwendungsmöglichkeiten einfach und fokussiert bearbeiten zu können.

Effectuation ist demnach ...

- *nicht* Kreativität im Sinne von „Erlaubt ist, was gefällt".
- *keine* Strategie, *kein* logisches Denkmuster, die/das systematisch-logisches Denken oder ein Arbeiten mit Daten ausschließt. Damit ist Effectuation auch kein einfacherer oder bequemerer Weg, sondern ebenfalls harte Arbeit.
- *nicht* irrational oder intuitiv und somit auch kein Ersatz für Methoden oder rationale Analyse.
- *nicht* charismatisches Leadership. Der Unterschied liegt dort, wo es um Persönlichkeitseigenschaften geht. Entrepreneure können natürlich charismatische Führer sein, aber diese Eigenschaft ist nicht Effectuation.
- *nicht* einfach nur die Leidenschaft, „magische Zutaten" (Mittel, Partner und Ziele) zur Gründung eines Unternehmens zu suchen und zu finden. Es geht viel mehr um die Leidenschaft, den Prozess selbst umzusetzen, zu handeln und mit Menschen zu interagieren.

- *nicht* Zaudern und Ängstlichkeit. Es bedeutet auch nicht, Risiken ohne Angst vor Verlusten einzugehen. Ganz im Gegenteil: Effectuation bedient sich Techniken, um mit Unsicherheiten, so wie sie Frank Knight definierte, umzugehen. Das erlaubt dem Entrepreneur auch, seine Opportunitätskosten zu vergleichen[13], wenn er entscheiden muss, ob er in einem gut bezahlten Job bleiben soll oder ein Unternehmen gründen wird.
- *kein* Paket von Charaktereigenschaften. Eigenschaften sind bloß eine Voraussetzung für alles. Vielmehr gibt es Prinzipien, die es ermöglichen, Effectuation zu lernen.
- *nicht* Improvisation. Wer improvisiert, ist sehr kreativ beim Einsatz seiner Mittel. Effectuation hingegen entwickelt spezifische Strategien, um gemeinsam mit Stakeholdern mögliche Ziele zu kreieren.
- *nicht* sozialer Konstruktivismus[14]. Effectuation beruht auf den verfügbaren Mitteln und Verhandlungen mit interessierten Stakeholdern über deren Beteiligung an einer Idee. Entrepreneure glauben daran, dass ihre Handlungen eine Auswirkung auf die Zukunft haben, indem sie in letzter Konsequenz neue Möglichkeiten erschaffen.

---

[13] Es werden die virtuellen oder realen Kosten alternativer Wahlmöglichkeiten verglichen und jene Option rational oder irrational ausgewählt, welche die geringsten Kosten verursacht.

[14] Sozialer Konstruktivismus ist eine Metatheorie aus der Psychologie und Soziologie. Sie widmet sich der Frage, wie Realität, z.B. durch Sprache, geschaffen bzw. konstruiert wird.

- *kein* Erfolgsrezept. Aber auch das perfekte Beherrschen kausaler Methoden oder ein absolvierter MBA ist das nicht. Weder das eine noch das andere ist ein Erfolgsgarant. Vielmehr ist Effectuation ein Denk- und Handlungsansatz, welcher das einseitig kausal-logische Denken ergänzt.

Das richtige Werkzeug

»Andere Länder, andere Sitten.«
deutsches Sprichwort
oder
»In Rom muss man wie ein Römer leben.«
französisches Sprichwort

Viele Risikokapitalgeber sind der Meinung, dass es Ideen wie Sand am Meer gibt und nur die Fähigkeit zum Umsetzen das ist, was zählt (Sahlman, 1997). Ein Beispiel dafür liefert Y-Combinator, eine amerikanische Venture-Capital-Gesellschaft, die im Internet 30 Ideen veröffentlicht hat, die durch Interessierte weiterentwickelt werden sollen, wie Paul Graham unter der Überschrift „Startups, die wir gerne finanzieren würden“ schreibt.[15] Natürlich nicht ganz uneigennützig.

Effectuation ist ein zusätzlicher Denkansatz, um unternehmerische Gelegenheiten nutzen zu können und

---

[15] http://ycombinator.com/ideas.html

neue Unternehmen zu gründen. Die Logik unternehmerischer Wirkung kann prognostisches und kausallogisches Denken begleiten. Im Idealfall ergänzen sich diese beiden Denkwelten, abhängig von der Zeit, Situation, dem Kontext, in dem entschieden werden muss.

Guy Kawasaki (2004) meint, der Gründer müsse einfach den **Business Plan** aus den richtigen Gründen heraus schreiben. Wie der Effectuator sein Unternehmen als Instrument betrachtet, so sind auch Business Plan und Marketing Plan Instrumente, um ein bestimmtes Ziel zu erreichen – hier, im Gründungsfall, die Fremdfinanzierung, z.B. durch eine Bank oder einen Risikokapitalgeber. Wer eine großartige Unternehmung (Projekt, Unternehmen, Produkt, Dienstleistung ...) schaffen möchte, wird aber beide Denkwelten benötigen – die kausale und die effectuale – genauso wie Prognose und Kontrolle. Effectuation ist somit eine weitere Methode und ein nützliches Werkzeug in der Hand von Entrepreneuren, Managern, Freiwilligen von Vereinen. Ein Werkzeug, das Spaß machen soll! Der Business Plan ist ja auch nur ein Werkzeug und darf nicht mit der eigentlichen geschäftlichen Tätigkeit verwechselt werden.

Während Gründer dazu gedrillt werden, EINEN Business Plan zu schreiben, um z.B. bei einem Gründer-Wettbewerb erfolgreich zu sein, schreibt der Effectuator im gleichen Zeitraum 42 Business Pläne! – denn die unternehmerische Gelegenheit ändert sich fortlaufend. Business Pläne schreiben ist daher, so wie auch Buchhaltung, nicht das zentrale Element im Entrepreneurship, sondern eben nur ein Werkzeug. Diese Einstellung nimmt auch den Argumenten den Wind aus den Segeln, dass man, um erfolgreich zu sein, zuerst betriebswirtschaftliche Techniken meistern soll, bevor man sich mit der Umsetzung einer unternehmerischen Gelegenheit befasst. Das ist nämlich nicht Voraussetzung, um als Entrepreneur zu denken und zu handeln, sei es als Unternehmensgründer, als Freiwilliger in einem Hilfsprojekt, als sozialer Unternehmer, als Manager in einer Marketingabteilung, als Hausmann oder -frau, Koch, Köchin oder als CEO!

Scheitern inklusive!

»Ich habe in meiner Karriere 9.000 Würfe daneben geworfen, fast 300 Spiele verloren und 26-mal wurde mir der entscheidende Wurf anvertraut – und ich habe ihn verfehlt. Ich habe in meinem Leben immer und immer wieder versagt und daher war ich so erfolgreich.«

Michael Jordan, NBA Basketball Legende

Haben Sie heute schon einen Fehler gemacht? Nein? Dann holen Sie das bitte schnell nach – zumindest ein kleiner sollte heute noch drin sein. „Schnelle Fehler sind der Schlüssel zu schnellem Erfolg", konstatiert der Management-Guru Tom Peters, genauso wie „Fehler sind Innovation", deshalb solle man „exzellente Fehler machen", fordert er. Ein anderer Spruch besagt: „Wer in seinem Leben keine Fehler gemacht hat, hat nichts gelernt."

Andererseits sagt Peters: „Je größer der Fehler, desto besser!" Hier müssen wir leider widersprechen. Die guten Fehler sind die kleinen und schnellen Fehler, die auch überlebt werden können. Fatale Fehler, die eine Gründung zum Scheitern bringen, einen Produkt-Launch zum Flop machen, wünscht sich keiner. Einer der Hauptpunkte von Effectuation ist aber genau das Überleben von Fehlern.

Elke Schüttelkopf (2008) schreibt in ihrem Beitrag über **Fehlerkultur:** „Ein produktiver Umgang mit Fehlern erfolgt stets in Zusammenhang mit Lernprozessen." Durch Fehler lernen wir in unserer Kindheit und unser ganzes Leben lang. Dies kann, wie in Karl Poppers „Trial and Error" beschrieben, als das Sammeln von negativem Wissen erfolgen oder auch durch innovatives Lernen, wie es Peter Senge für die lernende Organisation fordert.

Eine zielorientierte Kultur, welche eine Zweck-Mittel-Beziehung heiligt, ist Fehlern gegenüber ambivalent eingestellt. Schließlich soll möglichst rasch mit größter Effektivität und Effizient der richtige Weg zum Ziel gefunden werden. Diese Forderungen nach einer entsprechenden Erziehung oder auch schulischen Erfahrung sind die Protagonisten, wenn es darum geht, Angst vor Fehlern zu produzieren. Auf die Entwicklung der Fehlerkompetenz wird wenig Rücksicht genommen, legt man dies auf Organisationen um, so ist das Maß der Dinge ein mehr oder weniger funktionierendes Risikomanagement. Im engeren Sinn zielt Risikomanagement allerdings darauf ab, Fehler zu vermeiden, und das ist nicht immer die sinnvollste Strategie. Es gibt genug Beispiele, in denen Fehler für eine bahnbrechende Innovation, ein neues Produkt oder einen neuen umsatzträchtigen Markt verantwortlich waren. So war die Entwicklung von Viagra nicht geplant. Ursprünglich war es ein Blutdruckmedikament und seine potenzsteigernde Wirkung ein Nebeneffekt. Ein Zufall oder Fehler, der erkannt und in eine unternehmerische Gelegenheit umgewandelt wurde – das Endergebnis war ein milliardenschwerer Markt. Fehler sind somit auch immer Teil des Prinzips der Zufälle und Überraschungen.

Gerade bei der Entscheidung ein Unternehmen zu gründen, ein neues Produkt zu entwickeln und auf den Markt zu bringen, sollten Fehler kultiviert werden. Wie wir noch sehen werden gibt es dabei immer zwei Seiten. Die eine, wo es Risiko und Opportunitätskosten gibt, wenn man eine Unternehmung startet, aber auch die, wo Kosten entstehen, wenn man ein Unterfangen nicht startet – sei dies, dass man die Marktführerschaft verliert oder im alten Job sitzen bleibt.

Genau hier betritt Effectuation wieder die Bühne, auf der erfahrene Entrepreneure handeln. Effectuation kann die Wahrscheinlichkeit Fehler zu machen nicht reduzieren, sie kann aber die Kosten eines Fehlers verringern (Sarasvathy, 2003). Durch effectuale Strategien passieren kleine Fehler früher. Also gilt genau das Gegenteil dessen, was Tom Peters meint – nicht „too big too fail" gilt, sondern „if small, fail small and smart". Später können die Fehler immer noch größer werden – und seien Sie sicher, sie kommen.

Wenn man Fehler, vor allem in der Anfangsphase, klein hält, steigt nicht nur die Wahrscheinlichkeit, sie zu überleben und schneller zu lernen, sondern der Entrepreneur kann auch weiterhin erfolgreich in sein Unternehmen investieren. Anders wäre es, wenn man den einen großen finalen Fehler macht – dann ist es vorbei. Durch die Strategie, den leistbaren Verlust durch Fehler oder Scheitern zu definieren, kann die Leistung der Firma, Marke ... über die Zeit gesteigert werden. Misserfolge werden nicht um jeden Preis vermieden. Sie werden für **kumulatives Lernen** genutzt. Kleine Fehler liefern somit einen langfristigen **„Return on Investment des Tuns"** (ROIT), der finanzieller Natur sein kann oder in Erfahrung besteht, dem Wissen nutzt. Es sammelt sich im Idealfall nicht nur Investmentpower an, sondern auch Erfolg. Fehler bleiben bei Effectuation „lokal" und zerstören nicht gleich das ganze System. Das Prinzip ist, den leistbaren Verlustes festzulegen.

In der kausalen Welt wird man daher mit Risikomanagement Fehler meiden wie der Teufel das Weihwasser, während der Effectuator mittels Risiko- oder Fehlermanagements versucht, die Fehler klein zu halten. Wenn sie früh passieren: Umso besser, so kann man die lessons learned für den zukünftigen Erfolg nutzen.

Im Effectuation-Universum gibt es keine „0" und keine „1", kein reines „wahr", „falsch", keinen reinen

Erfolg oder Misserfolg, keine Booleschen Variablen. Effectuatoren haben es mit einer Mannigfaltigkeit an Erfolgen, Fehlern und Misserfolgen als Ergebnissen von Fehlern zu tun. Fehler sind ein Prozess – ein Ereignis in der Firmen- oder Produktgeschichte oder im Leben eines Menschen. Erfolgsgeschichten sind überlebte Fehler – kleine Wetten, die nicht zu katastrophalen Fehlern geführt haben und in weiteren Schritten das Wissen verbessern, wie z.B. eine unternehmerische Gelegenheit genutzt werden kann und nicht zum finalen Todesstoß wird (Sarasvathy, 2008). Somit sind Fehler das pure Leben und Lernen, aber keine tödliche Krankheit.

Kurzum: Feiern Sie Ihre Fehler?!

Exkurs: Firmengründer lernen viel!

Die Serientäter unter den Entrepreneuren, die mehrere Firmen gegründet haben, werden „Serial Entrepreneurs" genannt. Hier handelt es sich zumeist auch um erfahrene Entrepreneure mit großer Lernerfahrung. Stephanie Clifford hat in der Märzausgabe des Jahres 2005 des Inc. Magazins[16] einen Artikel über sie gebracht. Sie fasst deren Lernerfahrung pointiert in sieben Punkten zusammen.

- Was man beim 1. Unternehmen lernt: Wann und wie man die Firma verlassen sollte.

---

[16] Hinweis von Saras Sarasvathy auf der Max Planck Summer School on Entrepreneurship Research in Jena (2009).

- Was man lernt, wenn man mehr als ein Unternehmen besitzt: Verliebe dich nicht in das Produkt.
- Was man beim 3. Unternehmen lernt: Wie man seine Ressourcen kreativ nutzen und durch Hebel steigern kann.
- Was man beim 4. und 5. Unternehmen lernt: Es ist ok, wenn man versagt.
- Was man im 6. oder 7. Unternehmen lernt: Stelle keine Menschen ein, die so sind wie du selbst.
- Was man schlussendlich lernt: Es wird einfacher.
- Was man nie lernt: Wann man aufhören sollte.

Schlüsselfragen

- Welchen (kleinen, schnellen) Fehler haben Sie sich heute schon gegönnt?
- Wann haben Sie zuletzt einen Fehler gefeiert?
- Wissen Sie noch, was Sie aus Ihren Fehlern gelernt haben? Was ist Ihr langfristiger „Return of Investment des Tuns“?

Der Sprung ins kalte Wasser

»Nicht, weil es schwierig ist, wagen wir es nicht, sondern weil wir es nicht wagen, ist es schwierig.«

Sokrates … ist Sokrates

Die Idee war einfach, man wollte einen schöpferischen Dienst anbieten, ein Full-Service-Angebot im grafischen

Bereich. Schon während des Studiums war schnell die Selbständigkeit als Grafikdesigner gewählt. Da gab es nicht viel zu überlegen und auch nicht viel zu verlieren. Das erste Werkzeug, ein Mac Computer, war schnell mit Hilfe einer gründerfreundlichen Bank finanziert. „Manchmal ist es gut, einfach loszulaufen“, meint auch heute noch rudolf greger, Managing Partner bei GP designpartners. Mit Edelweiß & Enzian war vor 22 Jahren der erste Schritt in die unternehmerische Zukunft getan.

Mittlerweile hat sich viel verändert. Die GP designpartners firmieren seit einigen Jahren als GmbH und sind voll im unternehmerischen Leben integriert, als Partner für die Wirtschaft, überall dort, wo es um Industrial und Interaction Design geht. Mit dem Service Design hat man letztes Jahr ein neues Geschäftsfeld betreten, das sich entwickelt und schlussendlich die Designer zu einem umfassenden Designpartner ihrer Kunden machen soll. Überall dort, wo es Dienstleistungen zu kreieren gibt, kann man mit seiner Design-Perspektive neue Einsichten eröffnen und von der Produktidee über den Business Case bis hin zum fertigen Service gemeinsam mit anderen relevanten Partnern neue Geschäftsfelder mit den Kunden im wahrsten Sinne des Wortes designen.

Doch gerade jetzt ist wieder eine unternehmerische Entscheidung gefallen. Die Entscheidung, aus einem Konzeptfahrrad aus Holz, dem Dual-Bike Jano, einen Prototypen zu entwickeln, der für die Serienproduktion geeignet ist. Klassische Fahrradhersteller reagierten bisher eher kühl auf die Idee des Jano, hauptsächlich, da es ein neuer unbekannter Pfad ist, der beschritten werden müsste. Die Entscheidung, den Prototypen selbst zu entwickeln und somit den „proof of concept“ zu liefern, hat dies schlussendlich beschleunigt. Wenn es auf der einen Seite heißt: „Das haben wir noch nie so gemacht“, dann kann es bei GP designpartners nur heißen: „Jetzt probieren wir's!“

Doch die nächste Entscheidung steht ins Haus. Spätestens, wenn die eingesetzten Geldmittel aufgebraucht sind, sollte ein Prototyp für die Produktion zur Verfügung stehen. Doch was dann? Welche Entscheidung wird bei den GP designpartners fallen?

Ist das Wasser wirklich kalt?

Wann gelingt der Sprung ins kalte Wasser, und warum? Bei GP designpartners handelt es sich mittlerweile um die Entscheidung, ob man selbst zum Fahrradproduzenten wird, z.B. mit einem eigenen Unternehmen, oder ob man den produktionsreifen Prototypen lizenziert, verkauft oder eine andere kreative Lösung für das Jano findet.

Was ist aber, wenn Sie einen gut bezahlten Job haben, mit 70.000, 120.000 Euro im Jahr heimgehen (setzen Sie am besten hier Ihre eigene Zahl ein)? Wie entscheiden Sie, ob Sie die Idee, die Sie schon so lange mit sich herumtragen, endlich umsetzen und z.B. ein Unternehmen gründen? Was ist, wenn Sie ein kleines Unternehmen haben und vor der Wahl stehen, so weiterzumachen wie bisher oder ein neues Produkt zur Marktreife zu führen und damit ein neues Marktsegment zu definieren – vielleicht sind Sie sogar ein Fahrradhersteller?

Kurz gesagt, was passiert, wenn ein Entrepreneur entscheidet, seinen gut bezahlten Job an den Nagel zu hängen und eine eigene Firma zu gründen?

Der Sprung ins kalte Wasser ist auch gleichzeitig ein gutes Beispiel für eines der Effectuation-Prinzipien: für den leistbaren Verlust (Sarasvathy, 2008).

Der **kausale Denker** würde zunächst eine Marktrecherche zu seiner Geschäftsidee oder einer unternehmerischen Gelegenheit durchführen. Diese würde auch eine Wettbewerbsanalyse umfassen, eine Einschätzung des unternehmerischen Risikos und des potenziell möglichen Gewinns. Im Idealfall folgt nun die Entscheidung: gründen. Die Fragen, die sich der potenzielle Gründer stellt, sind einfach: Was kostet es mich, eine Firma zu gründen? Wie viel Geld habe ich selbst und wie viel muss ich auftreiben? Wann habe ich das Geld wieder hereingebracht? Und er weiß: Natürlich muss ich mindestens zwei Jahre auf mein gutes Gehalt verzichten.

Der **Effectuator** hingegen überlegt, was er überhaupt bereit ist einzusetzen bzw. zu verlieren, um seine Firma zu starten. Dabei setzt der Entrepreneur auf die Dinge, die er selbst kontrollieren kann. Er gestaltet seine Firma, indem er auf das zurückgreift, was ihm zur Verfügung steht und was andere bereit sind, beizusteuern. Der Denkprozess läuft dadurch auch etwas anders ab: „Schließlich wollte ich schon immer mein eigener Boss sein und ich kann es mir leisten, eine gewisse Zeit und einen bestimmten Betrag zu investieren, um es auszuprobieren. Im schlimmsten Fall ist das Geld weg und man steht wieder dem Arbeitsmarkt zur Verfügung. Aber ich bin um einiges an Erfahrung reicher. Wenn ich es jetzt nicht wage, wann werde ich es dann wagen?“

Der Effectuator konzentriert sich wieder auf die Dinge, die er leicht kontrollieren kann, und nicht auf von außen definierte Gelegenheiten, die der Markt vorgibt. Er ist sich dabei der Kompromisse, subjektiven Risiken und vor allem seiner Werte bewusst.

Ein anderer Punkt sind die **Opportunitätskosten** anderer Alternativen. Diese sind beim kausalen Denker der Verzicht auf seinen guten Lohn oder auf viel Freizeit, wenn er ein Unternehmen gründet. Er kann ja noch nicht sicher sein, ob der Erfolg kommt oder nicht und ob später wieder mehr Freizeit zur Verfügung stehen wird oder ein entsprechend hohes Einkommen erzielt werden kann. Effectuation macht aber genau das, der effectuale Denker berücksichtigt auch immer die Opportunitätskosten, wenn er ein Unternehmen *nicht* gründet.

Der Punkt ist, von Anfang an ins Handeln zu kommen und umzusetzen. Dies muss nicht sofort in Form einer GmbH, AG oder einem Riesenprojekt geschehen. Vielmehr sollten die relevanten Experimentierfelder definiert werden, in denen man auch im Kleinen und im Rahmen des leistbaren Verlustes ausprobieren und testen kann, ob eine Idee zum Erfolg führen kann. Dies ist auch die Gelegenheit, erste Stakeholder für sein effectuales

Netzwerk an Bord zu holen. Das können z.B. Schlüsselkunden sein, die ein Feedback beisteuern. Feedback wird besonders bei Web 2.0 Gründungen stark eingesetzt.

Lassen Sie sich auf jeden Fall nicht entmutigen, egal ob Sie ein eigenes Unternehmen starten möchten oder ein anderes wichtiges Projekt ins Laufen bringen wollen. Unternehmer *tun* – ganz besonders Entrepreneure. Setzen Sie noch heute den ersten Schritt und überlegen Sie anhand einer konkreten Idee, welche Mittel (Identität, Wissen und Netzwerke) Sie haben, um diese umzusetzen. Bringen Sie Ihre Idee kurz zu Papier und überlegen Sie, mit welchen drei Menschen Sie über diese sprechen wollen.

Egal ob Manager, Student, Hausmann, Hausfrau oder Entrepreneur – springen Sie ins kalte Wasser, es ist vielleicht gar nicht so kalt, wie Sie denken!

Schlüsselfragen

- Wann sind Sie das letzte Mal in kaltes Wasser gesprungen?
- Was sind Ihre (Opportunitäts-)Kosten, wenn Sie Ihr Vorhaben nicht umsetzen?
- Wie können Sie überprüfen, ob Ihre Idee funktioniert?[17]

---

[17] Dies kann z.B. durch einen „proof of concept", eine Machbarkeitsstudie, eine Projektstudie bzw. ein Pilotprojekt erfolgen. Dabei wird meistens ein erster Prototyp (ein Produkt, ein Geschäftsmodell) entwickelt und ausprobiert. Es soll die prinzipielle Durchführbarkeit eines Vorhabens überprüft werden.

Exkurs: Bootstrapping

Wussten Sie, dass Amazon mit nicht mehr als dem Geld von Jeff Bezos (in den ersten beiden Jahren ca. 54.000 Dollar) gegründet wurde?

Eine Finanzierung mittels Bootstrapping ist eine Strategie, die alle Möglichkeiten ausschöpft, möglichst lange mit den vorhandenen Bargeldreserven auszukommen. Es wird vermieden, auf die finanziellen Ressourcen externer Investoren zurückzugreifen, seien dies Bankkredite, Eigenkapitalbeteiligungen etc. Beispiele bekannter Firmen, die mittels Bootstrapping finanziert wurden, sind Microsoft, Dell, Apple und eBay.

Dies ist nicht nur für den Entrepreneur eine relevante Strategie, sondern auch für jeden Effectuator. So können Sie Ihr Startup, Ihre Projekte oder auch Ihr bereits gegründetes Unternehmen, Ihren Verein ... bootstrappen.

Im Prinzip der Mittelorientierung rücken die Identität, das Wissen und die Netzwerke in den Mittelpunkt. Bei der Frage „Was kann nun getan werden?“ ist es wichtig, auf Basis der eigenen Mittel erste gute Strategien zu finden. Bootstrapping ist eine davon, vor allem, wenn ein beschränkter Zugang zu einer externen Finanzierung besteht oder der Effectuator durch sein Netzwerk leichter und billiger eine Finanzierungslücke umgehen kann, z.B. indem andere Zahlungsziele verhandelt werden oder ein Kunde sich an einem Projekt beteiligt.

Bootstrapping selbst ist nicht neu, Gründungen mittels dieser Strategie waren lange Zeit üblich. Firmen können auf diese Weise versuchen, so lange zu überleben, bis sie der eigene Cash-Flow aus dem Kostensumpf zieht und sie trägt. Eine Strategie, die erfahrene Entrepreneure als alternative Finanzierungsart nutzen, und die auch in keiner guten Entrepreneurship-Literatur fehlt.

Robert Hisrich (2004) meint dazu, dass externes Kapital nicht nur Finanzierungskosten verursacht, sondern auch Zeitkosten. In der Zeit, die der Unternehmer benötigt, um das Geld zu erhalten, sind auch sein Fokus und seine Aufmerksamkeit gefordert, die jedoch besser Aktivitäten wie der Produktentwicklung, den Verkäufen, dem Marketing etc. gewidmet sein sollten. Auch meint er, wie viele andere auch, dass „reichlich" vorhandenes Geld auch zu unüberlegten Ausgaben und Kosten führen kann. So fokussiert man sich mit weniger Geld eher auf die wirklich notwendigen Schritte einer Gründung oder auch eines Projektes, als mit einer reichlichen Ausstattung durch Investoren. Sollten Sie das „Pech" haben, an einem Unternehmen oder Projekt zu arbeiten, welches im Moment unter die Kategorie „schwierig zu finanzieren" fällt, so ist Bootstrapping aus einem anderen Grund eine notwendige und gute Strategie.

Guy Kawasaki (2004) bringt es auf den Punkt: Manage den Cash-Flow und nicht die Profitabilität. Er stellt ebenfalls fest: Zuviel Geld ist schlechter als zu wenig. Vielleicht verdirbt es wirklich den Charakter – die Versuchung ist dann einfach zu stark, sich unnötige Kosten, etwa durch zusätzliche, aber unwichtige Produktfunktionen, aufzuhalsen.

Wichtig ist aber, dass Sie nun nicht zu einem Geizhals, einem Pfennigfuchser werden. Leben Sie Ihr Leben, managen Sie Ihr Unternehmen oder Projekt – verzichten Sie aber auf das Unnötige, betrachten Sie den Cash-Flow wie Ihren eigenen Blutstrom – und wer blutet schon gerne? Das bedeutet aber auch, dass Bootstrapping nur dann funktionieren kann, wenn Sie von Ihrer Idee, Ihrem Projekt wirklich überzeugt sind und sich damit identifizieren können. Die Anwendung der Prinzipien der Effectuation, wie Mittelorientierung oder leistbarer Verlust, machen „bootstrapping“ einfacher.

Gastbeitrag: Ziellos & verspielt zum Mehrblick

von Hannes Offenbacher

oder:
Mein Weg zum „effectualen“ Denken & Handeln

Eines vorweg: Natürlich koche ich nach der von Marcus beschriebenen zweiten Methode. Kühlschrank auf und schon beginnt ein spielerischer Prozess des geistigen Kombinierens. Ganz ehrlich, noch nie habe ich nach einem Rezept gekocht und ich wage zu behaupten, dass ich ~~trotzdem~~ *gerade deswegen* sehr gut und gerne koche. Und es ist wohl auch kein Zufall, dass ich für das nächste Büro meines Unternehmens vor allem eine Sache realisieren möchte: eine Ideenküche. Einen Ort, um mit Partnern, Mitarbeitern und Kunden zu kochen, Ideen zu spinnen und neue Projekte zu formen. Die Vorfreude darauf ist riesig.

Als Marcus mir das erste Mal von „Effectuation" erzählte, löste es bei mir eine spannende Selbstreflexion aus. Rund zwei Jahre nach meiner Unternehmensgründung und sechs Jahre nach dem Start meiner Selbstständigkeit war dieser Gastbeitrag eine wunderbare Möglichkeit, das eigene Handeln etwas genauer zu betrachten. Die zentrale Frage für diesen Gastbeitrag: Warum denke, warum handle ich heute so, wie ich es tue? Denn: Das Schulsystem ist sicherlich nicht der Grund.

Ein Spielraum

„Hannes, konzentriere Dich endlich auf eine Sache!" Ein gutgemeinter Ratschlag meiner Freunde, als mehr und mehr das Verständnis für meinen Weg zu schwinden begann. Zu vielfältig, zu unkonkret und nicht in eine Schublade packbar. Und wirklich, die ersten Jahre meines Schaffens waren von zwei Dingen geprägt: spielen und Fehler machen. Diverse Aufträge im Webbereich dienten als „Brotjobs" und schafften Zeit und Raum für eine Vielzahl an Projekten, die ich mit Freunden kreierte und teilweise realisierte. Heute ist mir der Wert dieser Zeit bewusst, ist mir klar, wie außergewöhnlich dieser Freiraum gerade im Vergleich zur nicht vorhandenen, positiven Fehlerkultur war.

„zzz_Projektarchiv" & die Ideenformel

Alle meine nicht realisierten Ideen landen seit jeher in einem Ordner auf meinem PC. Selbst für mich ist erstaunlich, dass dieser Ordner im Laufe der Jahre auf über 10 GB Daten angewachsen ist. Dabei handelt es sich nur um schriftliche Konzepte, Logos und Mindmaps. Eigentlich eine niederschmetternde Bilanz, oder? Natürlich nicht! Inzwischen ist es für mich fast wie eine Auszeichnung, diesen Ordner zu haben und ich präsentiere ihn auch immer bei meinen Vorträgen zum Thema „Ideenentwicklung", denn eine Frage wird mir immer wieder gestellt: „Warum meinen Sie, in unserem, Ihnen fremden Themengebiet, Ideen entwickeln zu können?" Eine Antwort kann man mit Hilfe der von Fredrik Härén entwickelten Formel für Ideen liefern.

$$\textbf{idea} = \textbf{p} \cdot (\textbf{k} + \textbf{i})$$

p = person; k = knowledge; i = input

Nach Härén entsteht eine Idee durch das Wissen einer Person, plus dem Input, welchen diese Person erhält. Input steht dabei für neue Eindrücke, Impulse, Wahrnehmungen, Erfahrungen usw. Somit kann man (hier kausal-logisch) folgern, dass die Ideenkraft einer Person zum einem mit dem vorhandenen Wissen und zum anderen mit dem regelmäßigen Input steigt.

Im Alltag nennt man das oft „über den eigenen Tellerrand blicken". Die Kernfrage: Wie kann man diese so wichtige Aufgabe in den Alltag integrieren und ihr die entsprechend notwenige Zeit geben? Denn: Sie konkurriert mit dem Alltagsgeschäft, mit jenen Tätigkeiten, die unmittelbare Resultate erzielen. Was helfen kann? Eine entsprechende Struktur zu schaffen, die einen positiv „zwingt“, neugierig in die Welt zu blicken.

Ziellose, aktive, interdisziplinäre Vernetzung

Kausal-logisch gedacht wäre es nie dazu gekommen. Doch trotz der frühen, unternehmerischen Phase (wo ich bei Gott genug andere Dinge zu tun hatte), gründete ich mit Freunden das Wiener Institut für Vernetzung[18]. Ein privater Non-Profit-Verein mit nur einem Ziel: **Interdisziplinäre und interkulturelle Vernetzung zu provozieren.** Mein redaktionelles Engagement für den Verein eröffnete mir den Zugang zu Kongressen, Messen und Workshops aller Fachrichtungen. In den letzten drei Jahren besuchte ich rund 300 solcher Veranstaltungen.

Ziellos

Was bleibt, sind Tausende von Eindrücken, Beobachtungen und Wissenshappen aus allen Branchen. Vom Automobilcluster Symposium über das Jahrestreffen der Bionik-Szene hin zum Expertenworkshop zum Thema Nachhaltigkeit. Entscheidend dabei: die innere Haltung. Neugierig sein, Fragen stellen, analytisches Beobachten und kritisches Reflektieren. Aus meiner Erfahrung die beste Art, den Output zu sichern: Schreiben. Durch das Niederschreiben von Eindrücken (Inputs) formen wir Erkenntnisse und entwickeln vernetztes Wissen. Der Start meines Blogs[19]

---

[18] www.wifv.at

[19] www.bessergehtsimmer.at

war dabei erfolgsentscheidend für mich. Dazu muss man kein extrovertierter Typ sein, auch ein privates Ideentagebuch wäre legitim, doch birgt das öffentliche Bloggen ein weiteres Potenzial: Es zieht die richtigen Menschen an, die uns wiederum Feedback und Input liefern, oder auch neue Partner für unternehmerische Projekte sind.

Mehrblick anstatt Fokus

Nun wollte es meine Art zu denken nicht zulassen, mich auf eine Sache zu konzentrieren. Die Lösung: Eine Struktur zu schaffen, die diesen Überschuss an Ideen verarbeiten und nutzen kann. Entstanden ist dabei mein Unternehmen mit dem Namen „Mehrblick"[20]. Dabei fällt nur rund ein Drittel der Aktivitäten auf Ideen- und Projektentwicklungen für Auftraggeber von außen (Consulting). Bereits zwei Drittel der Zeit fließen in das Kreieren und Gebären von eigenen Startup-Ideen (Incubating). Und es treibt uns weiter und weiter. Jedes neue Projekt, jede ausgesprochene Idee befruchtet das gesamte System erneut, eröffnet neue Perspektiven und Chancen.

Meine herzlichen Empfehlungen: **(1)** Sichern Sie sich einen stetigen, bunten Input, **(2)** treffen Sie branchenfremde, inspirierende, verrückte und geniale Menschen, von denen Sie gelesen oder gehört haben und **(3)** starten Sie gewagte, schöne und coole Projekte.

Ach ja: erfolgreiches Scheitern inklusive.

Lust, mit mir zu spielen? Mehr von meinen Gedanken gibt es in meinem Blog auf www.bessergehtsimmer.at

---

[20] www.mehrblick.at

Yin & Yang

»Jedes logische Entweder-oder ist im Leben ein Sowohl-als-auch.«
Andreas Tenzer, philosophischer & spiritueller Berater

Die Erkenntnisse aus der Effectuation Forschung sind für das Entrepreneurship von hoher Wichtigkeit und praktischer Relevanz. Dies gilt auch in anderen Forschungs- und Anwendungsfeldern, wie z.B. Beratung, Strategieentwicklung, Marketing, Innovation, Unternehmensgründung. Die Frage ist: Wie können beide Denkwelten so zusammengeführt werden, dass sie sich praktisch anwenden und sich auch in den Werkzeugkoffer von Entrepreneuren und Managern integrieren lassen?

Weitere Forschungsarbeiten und vor allem eine praktische Anwendung der Prinzipien und Dynamiken der Effectuation über Gründungsprozesse hinaus, wie z.B. im strategischen Management oder im Marketing, sind notwendig, um die Anwendungsfelder zu erweitern. So wird es ganz generelle Auswirkungen auf das Umsetzen von Vorhaben geben, aber auch ganz spezifische, die sich etwa auf eine Phase in einem Produktlebenszyklus, einer Projektphase oder auch auf eine bestimmte Unternehmensentwicklungsphase beschränken. Dies führt Effectuation auch in das Feld der Organisationsforschung. Sarasvathy (2008) beschreibt in ihrem Buch eine Vielzahl von Forschungsfeldern und damit letztendlich empirisch abgesicherte zusätzliche Anwendungsfelder von Effectuation, die auch in Felder wie Physik und Psychologie reichen. Damit wird Effectuation nicht nur für Entrepreneure relevant, sondern positioniert sich als interdisziplinärer Bereich, der sich mit einer Vielzahl organisatorischer und funktionaler Managementthemen wie auch mit verschiedenen Forschungsdisziplinen verschränkt.

Als Abschluss dieses Teiles kann festgehalten werden, dass erfahrene Entrepreneure weder ausschließlich effectual-logisches noch kausal-logisches Denken einsetzen. Sie können aber mittels „**Daumenregeln**" sehr genau entscheiden, wann welches Vorgehen und somit wann welcher Denkansatz besser für das Handeln in einer bestimmten Situation geeignet ist.

Sie kennen das Sprichwort „In Rom muss man wie die Römer leben" oder „When in Rome, do as the Romans do" (St. Ambrose, 387 a.D.)? Effectuation ist von wesentlicher Bedeutung in der Anfangsphase von Gründungen. Mit dem Wachsen des Unternehmens wird dieses immer zielorientierter und kausaler. Aber nicht nur in Gründungsprozessen, auch in der Lehre, z.B. in guten MBA Programmen, auch im Geschäftsleben ist und sollte sie ein wichtiger, bewusst wahrgenommener Bestandteil sein, um neue Dinge in die Welt zu bringen. Gerade aber dort, wo der Übergang von effectualer zu kausaler Handlungsweise notwendig ist, haben Entrepreneure oft Schwierigkeiten. Sie verlassen dann das Unternehmen oder haben es vielleicht geschafft, eine gute Intrapreneurship Kultur zu etablieren – sozusagen als Gegengift zu einer rein kausal-logischen Unternehmenskultur. Das ist auch der

Schlusspunkt, wo jeder gute Business Plan enden sollte: mit einer formulierten Exit-Strategie (Hisrich, 2008 a). An diesem Punkt kann sich der effecturierende Entrepreneur dagegen absichern, ein kausal-geführtes Unternehmen managen zu müssen, mit möglichen resultierenden Schwierigkeiten seinen Denkmodus wechseln zu müssen und das Unternehmen von weiterer Blüte und weiterem Wachstum abzuhalten, indem er oder sie selbst das größte Wachstums- und Entwicklungsrisiko ist.

Lesetipps

- Ebner, G., Heimerl, P., Schüttelkopf, E. M. (2008): **Fehler – Lernen – Unternehmen,** Frankfurt, Peter Lang.
- Livingston, J. (2007): **Founders at Work, Stories of Startups' Early Days,** Berkely, APRESS.
- Peters, T. (2000): **The Circle of Innovation,** London, Hodder and Stoughton.
- Sarasvathy, S. D. (2008): **Effectuation; Elements of Entrepreneurial Expertise,** Cheltenham, Edward Elgar Publishing.

Links

- www.tompeters.com
- www.ycombinator.com
- www.wifv.at
- www.bessergehtsimmer.at
- www.mehrblick.at

»Wir haben einen einfachen strategischen Plan: WIR HANDELN!«

Herb D. Kelleher,
Gründer der Southwest Airlines

Dritter Teil: Den Unternehmergeist wecken!

Zukunft planen oder machen?

> *»Die Zukunft soll man nicht voraussehen wollen, sondern möglich machen.«*
>
> *Antoine de Saint-Exupéry, Pilot und Schriftsteller*

Was ist der Unterschied zwischen Managern und Entrepreneuren? Die Ausprägungen von kausalem und effectualem Denken wurden schon beschrieben. Es gibt aber noch einen anderen Unterschied. Während ein Manager bereits über eine Erfolgsgeschichte, sei es auf der Ertragsseite oder der Kostenseite des zu leitenden Unternehmens, verfügt und dafür eine Belohnung erhält (wenn der Ertrag steigt oder die Kosten sinken), können Entrepreneure auf keine Erfolgsgeschichten verweisen. Das neugegründete Unternehmen hat auch noch keine, stellt Robert D. Hisrich fest. Erst wenn die Ertragsseite größer als die Kostenseite ist, stoppt die „Blutung" des Entrepreneurs. Geht es nach dem ersten Gewinn erfolgreich weiter, folgt Wachstum und in einer späteren Phase, vor allem im anglo-amerikanischen Raum, der Exit des

Entrepreneurs und eventuell der Verkauf des Unternehmens. Gründet der Unternehmer nun wieder ein Unternehmen oder besitzt er mehrere, so bezeichnet man ihn als Serial Entrepreneur, der dann auf eine Erfolgsgeschichte erfolgreicher Gründungen zurückblickt.

Wie sieht nun ein Entrepreneur aus, der es bevorzugt, effectual zu handeln, aber auch genau weiß, wann es nötig ist, kausal zu entscheiden?

Darf ich Ihnen zwei unternehmerische Archetypen vorstellen? Richard und Anita. Sie sind beide nicht nur Entrepreneure, sondern vor allem eines: Forscher und Effectuatoren. Richard hat schon mehrere Unternehmen erfolgreich gegründet, Anita einen kompletten Markt umgekrempelt. Sie ähneln sich sehr und haben ein Denken und Verhalten entwickelt, das vor allem am Anfang ihres Unternehmerlebens nicht selbstverständlich war:

- Sie vertrauen ihren sozialen Netzwerken, die über die Jahre gewachsen sind und sich teilweise in viele kleine „effectuale" Netzwerke gliedern.
- Sie haben die Fähigkeit entwickelt, Kurzfristiges im Auge zu behalten, aber trotzdem langfristig orientiert zu denken und zu handeln – nur so konnten sie ihre Geschäftsmodelle erfolgreich entwickeln.
- Marktforschung hat am Anfang eine wichtige Rolle gespielt, doch mittlerweile ist eines klar: Kann etwas verkauft werden, ist das ein Erfolg. Kann eine Idee oder ein Produkt nicht verkauft werden, muss man umdenken. So einfach ist das für sie.

- Beide schauen auch immer auf die Kostenseite der Dinge. Nicht, dass sie geizig oder knausrig wären, ganz im Gegenteil, aber sie wissen genau, was sie sich leisten wollen und können.
- Mit der Zeit realisierten beide, dass eine Firma nur ein Instrument ist.
- Das, worauf es wirklich ankommt – beständige Partnerschaften und Beziehungen – haben sie erst zu erfolgreichen Unternehmern gemacht und sie haben die Einsicht gewonnen: Menschen machen mit Menschen Geschäfte. Will man Neues schaffen, muss man die richtigen Leute finden.
- Eine Eigenschaft, die beide eint, ist, dass sie offen durch die Welt gehen und nichts als gegeben hinnehmen. Hinterfragt wird nicht, um lästig zu sein, sondern um herauszufinden, was möglich ist – und nicht, was man tun sollte.
- Sie wissen beide haargenau, wer sie sind und mit wem sie zusammenarbeiten möchten und mit wem nicht.
- Bei der ersten Unternehmung stand noch die Frage im Mittelpunkt, wie sie das definierte Unternehmensziel erreichen – und wie sie das mit den zur Verfügung stehenden Ressourcen schaffen könnten. Heute arbeiten sie viel lieber an den Dingen, die sie selbst beeinflussen und kontrollieren können.
- Sie ändern lieber ein Ziel, als irgendwelchen Mitteln und Ressourcen hinterherzujagen, die sie nicht haben oder die sie nicht anders erlangen können. Mittlerweile ist es natürlich einfacher geworden und die

Möglichkeiten sind vielfältiger, nicht nur, weil sie sich nun einfacher die richtigen Leute ins Team holen können, sondern auch, weil sie auf ein gutes und starkes Netzwerk vertrauen können.

- Sie vertrauen lieber auf das Feedback und die Reaktionen aus ihren Netzwerken als auf Marktforschungsergebnisse.
- Zu einer guten „Opportunity“ formulieren sie nicht einen, sondern gleich mehrere Business Pläne, da sich die unternehmerische Gelegenheit laufend durch ihre Aktivitäten verändert.
- Fehler sind ein wichtiger Teil ihres Erfolges. Es gelingt ihnen, diese durch entsprechende Strategien, zu überleben. Sie haben gelernt, wie man intelligent fällt.
- Nicht nur die eigenen gewonnenen Erfahrungen zählen, sondern auch die der anderen, wie die der Mitarbeiter, Kunden ... Sie können diese nutzen und von ihnen lernen.
- Sie konzentrieren sich nicht darauf, jedem vermeintlich interessanten Informationsschnipsel nachzujagen, um die nächste unternehmerische Gelegenheit zu entdecken. Ihre Stärke ist neue unternehmerische Gelegenheiten gemeinsam mit Kunden und Partnern zu schaffen.

Eines sollte mittlerweile klar sein: Das Entrepreneurship, von dem wir hier sprechen und welches klar Effectuation bevorzugt, basiert auf unternehmerischer Expertise. Die Forschung nach Eigenschaften und Faktoren der Persönlichkeit von Entrepreneuren, wie z.B. in der Psychologie und Unternehmerforschung, führte zu keinen klaren Ergebnissen. Fasst man alle Forschungsergebnisse zusammen, so würde sich die Eigenschaftsliste wie ein x-beliebiges Stelleninserat in einer Tageszeitung lesen: Gesucht wird ein Entrepreneur/Mitarbeiter mit 500 positiven Eigenschaften (wir sparen uns hier die Auflistung), also sprichwörtlich die physisch und psychisch „eierlegende Wollmilchsau". Das frustriert nur. Sarasvathy, Read und Wiltbank (2003) haben dazu einen weiteren interessanten Beitrag geliefert. Dieser Artikel ist nicht nur eine Anregung für die Psychologie, sich in diesem Bereich neu zu orientieren, sondern trägt auch drei grundlegende psychologische Elemente zur Effectuation bei, die für die Theorie der unternehmerischen Expertise wesentliche Voraussetzungen sind.

Demnach sind erfahrene Entrepreneure vor allem **selbstwirksam**, **kreativ** und **anpassungsfähig**. Diese drei Verhaltensweisen pushen den Effectuation Prozess geradezu.

Die **Selbstwirksamkeit** liefert dem Entrepreneur oder Effectuator das nötige Selbstvertrauen. Nach dem Psychologen Bandura ist sie der Glaube an sich selbst, an die eigenen Fähigkeiten, die Möglichkeit, sich zu motivieren, die Fähigkeit, seine geistigen Mittel und sein Handeln so einzusetzen, dass ein bestimmtes Ziel überhaupt erst erreicht werden kann. Zunehmende unternehmerische Erfahrung steigert demnach die Selbstwirksamkeit und erlaubt dadurch ein besseres Verfolgen von Möglichkeiten auch unter extremer Ungewissheit. Erst dadurch kann der Effectuator Strategien einsetzen, mit der die Zukunft zwar kontrolliert werden kann, aber nicht vorhergesagt werden muss.

Mit **Kreativität** haben wir uns bereits beschäftigt (siehe erster Abschnitt), allerdings kann ihre Wichtigkeit nicht oft genug betont werden. Wichtig ist zu wissen, dass Kreativität für jeden verfügbar ist und nicht angeboren oder genetisch vererbt sein muss. Effectuation an sich ist kreativ und Kreativität kann auch gelernt werden. Somit ist unternehmerische Erfahrung im Sinne der Effectuation auch eine kreative Expertise, die erworben wurde. Das bedeutet aber auch, dass sich der Fokus von erfolgreichen Unternehmern für den erfolgreichen Aufbau eines Unternehmens verlagern muss. Man sollte sich vielmehr darauf konzentrieren, wie man Menschen diese Art der unternehmerischen Erfahrung lehren kann, so dass sie das, was sie sind, ihre Kontakte, Netzwerke und ihr Wissen besser und kreativer nutzen können. Sei es als Unternehmer, Vereinsgründer oder Freiwilliger – Kreativität ermöglicht, besser mit seinen Mitteln umzugehen, kreativere Vereinbarungen mit Stakeholdern zu verhandeln.

Schließlich ist **Anpassungsfähigkeit** notwendig, um neue Kontakte zu knüpfen, Netzwerke aufzubauen, (potenzielle) Stakeholder zu managen und diese an das eigene und gemeinsame Unterfangen zu binden. So ist der erste Schritt bei einer neuen Unternehmung der Griff zum Telefonhörer und der Anruf des Effecutators bei den

Leuten, die er oder sie kennt. Schlüsseleigenschaften sind hier die Fähigkeit zu einem positiven Opportunismus und Vertrauen. Opportunismus bedeutet hier die zweckmäßige Anpassung an eine Situation, weder altruistisch, d. h. vollkommen selbstlos, noch egoistisch, was mitunter Tücke und Täuschung bedeuten kann und einem langfristigen Vertrauensaufbau abträglich ist. Anpassungsfähigkeit bedeutet in diesem Zusammenhang, dass der erfahrene Entrepreneur eine Tendenz dazu zeigt, eher den Vorschlägen, Empfehlungen, Beeinflussungsversuchen und Informationen seiner sozialen Kontakte und Netzwerke zu vertrauen. Dies liefert dem Effectuator die Basis für Entscheidungen und erklärt auch seine Abneigung gegenüber reinen Marktforschungsergebnissen. Durch die Anpassungsfähigkeit und die damit verbundene Beeinflussbarkeit wird es erst möglich, dass Stakeholder gemeinsam mit dem Entrepreneur in mehreren kleinen und großen Schritten eine Zukunft aushandeln und schaffen können. Das bedeutet, dass viele kleine Vereinbarungen mit Kunden, Lieferanten usw. zunächst zu Teilzielen zusammengefasst werden, die dann weiterverfolgt oder verworfen werden können. Diese aggregieren sich aber schließlich wieder zu größeren Zielen bzw. einem Gesamtziel, das durch ein neues Unternehmen oder Produkt verfolgt wird.

Unternehmerische Expertise, Kreativität oder auch Effectuation sind somit immer ein wichtiger Teil menschlichen Problemlösens. Der Einfluss dieser psychologisch erklärten Verhaltensweisen auf das dynamische Modell der Effectuation ist ein wesentlicher Treiber neben den Mitteln der Effecutatoren, die auch im Prinzip der Mittelorientierung (Prinzip # 1) zu finden sind. Nämlich bei der Frage, was mit bestehenden Mitteln getan werden kann (Selbstwirksamkeit), beim Abrufen von Kontakten (Anpassungsfähigkeit) und auch beim Ausverhandeln von Vereinbarungen mit Netzwerken (Kreativität).

Martha Maznevski (2009) führt das Handeln unter Ungewissheit zurück auf die **Leadership-Ebene** und auf das Managementverhalten in einer Organisation, was auch für einen Entrepreneur nicht ganz unwesentlich ist. In einer Organisation ist es nicht nur wichtig zu vereinfachen, sondern vor allem auch Vielfalt zu fördern und zu schaffen. Dies ist Aufgabe des Managementteams.

Maznevski führt drei Charakteristiken an, die Menschen, die unter Unsicherheit leiten, pflegen. Die erste ist Klarheit in der Kommunikation, egal ob sie Themen wie Komplexität und Vereinfachung, Wechselbeziehungen und Abhängigkeiten, Vielfalt oder Veränderung betrifft. Es gilt: wiederholen, wiederholen, wiederholen. Auch ist es wichtig, die Neugier aufrecht zu erhalten, denn man kann nie alles wissen, und die neugierige Einstellung ermutigt andere, sich aktiv einzubringen und Feedback zu geben. Schließlich ist der Mut erforderlich, nicht immer alles kontrollieren zu wollen. Dies erfordert einerseits Vertrauen (das erarbeitet werden muss), aber auch Mut zu mehr Disziplin, Klarheit in Hinblick auf die eigenen Werte und auch das Eingeständnis, selbst nicht immer alles wissen zu können.

Im Raum steht auch immer wieder die Behauptung, dass sich Manager mit dem Status Quo zufrieden geben und Imitatoren seien. Leader hingegen würden schöpferisch agieren. Hinterhuber (2007) meint, dass Leader am System arbeiten, es verändern und nicht im System verharren, Manager dagegen schon. Eine Behauptung, die jeder für sich selbst auf deren Allgemeingültigkeit überprüfen muss. Eine Schlussfolgerung, die sich für uns aber auf jeden Fall ergibt, ist, dass Entrepreneure Eigenschaften mit Leadern teilen oder auch umgekehrt. Einen anderen Blickwinkel nimmt Fredmund Malik ein – den aus der Sicht des Unternehmens. Er fordert mehr unternehmerisch geführte Unternehmen, die das Rückgrat jeder Volkswirtschaft bilden. Wesentlich dabei ist die richtige Art der Führung und eine wirklich langfristige Orientierung und Ausrichtung. Dabei wird den eigenen Mitteln, den Mitarbeitern hohe Priorität eingeräumt und eine sparsame und effiziente Vorgehensweise als wichtig erachtet. Dies kann bei weiterer Überlegung Entrepreneurship, Management und Leadership unter Beachtung der Logik der unternehmerischen Wirkung und guten Leadership-Prinzipien in bestehenden Organisationen wieder näher zusammenbringen und neuen Sinn und Wirkung stiften.

Wir haben nun schon eine ganze Menge über Entrepreneurship, über die Grundlagen von Effectuation und die Logik der unternehmerischen Wirksamkeit gehört. Effectuation nach Saras Sarasvathy ist nicht nur ein interdisziplinärer Forschungsansatz, sondern hat auch eine hohe Praxisrelevanz – egal, ob in der Strategie, im unternehmerischen und menschlichen Problemlösen und Entscheiden, im Marketing, im Projektmanagement, bei Innovationsüberlegungen oder auch in der Lehre, um nur einige Beispiele zu nennen.

In den nachfolgenden Kapiteln werden verschiedene Disziplinen und Praxisbereiche aufgezeigt und die Erkenntnisse, Beispiele und die Anwendung der Effectuation daraufhin beleuchtet.

Von Generälen und Effectuatoren

»Wenn du wirklich etwas verändern willst, ist Optimismus die beste Strategie.«

John von Neumann, Mathematiker

Strategisches Denken beschäftigt sich mit langfristigen Zielen. Strategisches Management in einer unsicheren Welt ist ein komplexer Vorgang und besteht mittlerweile aus einer Unzahl von Modellen und Instrumenten. Viele dieser Modelle und Instrumente scheinen direkt aus den Schlachtplänen der Generäle entnommen zu sein, geht es doch meist um Eroberung, Positionierung, Verteidigung usw.

Dieser Beitrag beschäftigt sich nicht mit allen Aspekten von Strategieentwicklung oder den Theorien und Modellen des strategischen Managements. Vielmehr soll versucht werden, Strategien zwischen kausalen, vorhersagenden und effectualen, nicht-vorhersagenden Denkansätzen einzuordnen.

Effectuale Strategien (Dew u.a., 2003) sind der **vierte Zugang zum strategischen Management,** sie setzen nicht auf die Prognose von Zukunft, sondern auf eine Kontrolle der Faktoren, die Zukunft schaffen. Dieser Ansatz verändert nicht nur das Denken, sondern auch die Entwicklung und Umsetzung von Strategien. Durch Effectuation wird die strategische Werkzeugkiste darum erweitert, wie erfahrene Entrepreneure denken. Diese Werkzeuge liegen dabei neben den Werkzeugen aus der rein kausal-logischen Welt. Dadurch kann die Überlebenswahrscheinlichkeit eines Unternehmens, einer Marke langfristig erhöht werden. In diesem Sinne – wenn man Effectuation mit dem Denken und Handeln von erfahrenen Entrepreneuren gleichsetzt – ist auch der Schluss zulässig, dass der eigentliche Kern des vierten Strategieansatzes Entrepreneurship (inklusive Kreativität) und das verwandte „Corporate Entrepreneurship[21] sind. Wichtig ist auch hier festzuhalten, dass kausale Strategiewerkzeuge ihre Existenzberechtigung behalten,

[21] Corporate Entrepreneurs oder auch Intrapreneure sind Mitarbeiter von Unternehmen und Organisationen, die sich unternehmerisch verhalten, so als wären sie selbst der Unternehmer. Dies soll nicht nur die Innovation innerhalb von Unternehmen ermöglichen, sondern auch die Ausgründung aus dem Mutterunternehmen fördern. In letzter Konsequenz kann dies auch zu einer schöpferischen Zerstörung führen. Spannend ist es, in neuen Unternehmen eine unternehmerische Organisationskultur bzw. Intrapreneurship-Kultur aufrechtzuerhalten. Für große Unternehmen stellt sich die Frage, wie diese „wieder-"eingeführt werden kann. Intrapreneurship kann eine Methode sein, Wettbewerbsvorteile auszubauen oder gar neu zu schaffen.

allerdings unter bestimmten Bedingungen effectuale Strategien wirkungsvoller sind (siehe 2. Teil dieses Buches).

Strategie definiert sich als „komplexer Prozess, in dem Pläne und Maßnahmen festgelegt werden, deren Durchführung dem Zweck einer Organisation dienen muss", (Sadler, 2003). Im Prinzip geht es darum, wie ein bestimmtes Unternehmensziel erreicht werden kann. Die Natur von Strategie ist, nach Sadler, weder kurz- noch langfristig. So beschreibt er 13 Schlüsselelemente von Strategie, die beim strategischen Denken eine Rolle spielen, wie Mission, Regeln, das Geschäftsmodell, Stärken und Schwächen, unternehmerische Gelegenheiten und Gefahren, wichtige Erfolgsfaktoren, Schlüsselentscheidungen, Fähigkeiten und Kompetenzen, Planung und Zeitplanung, Umsetzung und nachhaltiger Wettbewerbsvorteil.

Mintzberg (2005) beschreibt in einer sehr guten Übersicht das „gesamte" Feld der strategischen Management-Theorien und -konzepte. Seine Darstellung führt zu einem integrierten strategischen Denkansatz. Dadurch soll das ganze Bild von Strategie erfasst werden und ein strategischer Prozess durch Transformation möglich werden – es geht also um strategischen Wandel.

Systemtheoretische Strategieansätze integrieren ebenfalls. Die Strategieentwicklung wird aber zu einem interaktiven Beziehungsprozess in einem komplexen System. Wichtig dabei sind Feedback, Kommunikation und das Denken in Beziehungen in einem System, welches z.B. eine Organisation sein kann. Wesentliche

Faktoren sind neben Komplexität und Selbststeuerung auch zyklische Feedbackprozesse.

Zielorientierung im strategischen Management

Niels Pfläging (2003) beschreibt auf der Basis der Arbeiten von Kaplan und Norton über Score Cards im Management einen kontinuierlichen Managementprozess. Die **„Strategy to Action"** ist ein durchgängiger, umsetzungsorientierter Managementprozess im Scorecarding.

Die Darstellung des Modells der „Strategy to Action" kann mit praktischen Werkzeugen der Strategieanalyse,

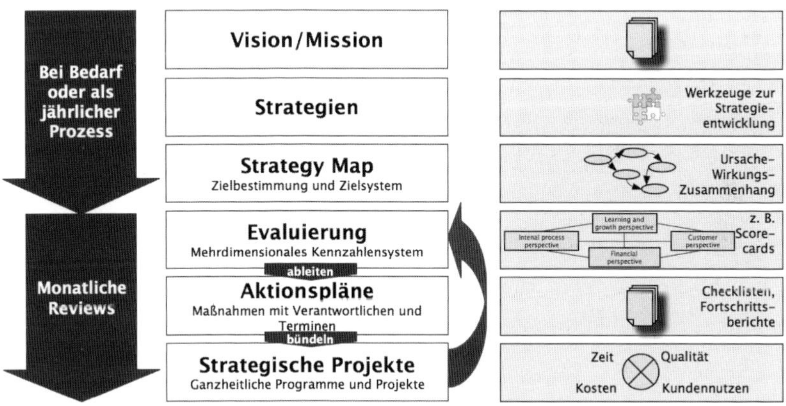

**Die „Strategy to Action" –
praktischer Umsetzungsansatz zur Strategie.**
Quelle: Pfläging (2003)

-entwicklung und -umsetzung verbunden werden. Hisrich (2004 & 2008 a) stellt fest, dass es für jedes Unternehmen, besonders in der Anfangsphase, wichtig ist, dass der Entrepreneur und das Managementteam sich im Klaren sind, welchen Wissens- und Informationsbedarf sie haben, z.B. welche Finanzkennzahlen täglich, wöchentlich und monatlich aktualisiert werden müssen. Dieser Bedarf betrifft alle Aktivitäten rund um Cash-Flow, Forderungen und Vermögensmanagement – der Blutstrom und Herzschlag jedes Unternehmens. Damit ist klar, dass es ist nicht nur nötig ist, eine Strategie zu entwickeln und den dazugehörigen Maßnahmenplan, sondern auch ein mehrdimensionales System zur Leistungsmessung zu erstellen, das auf dem Geschäftsmodell und den finanziellen Wissens- und Informationsbedürfnissen beruht. Jede dieser Komponenten in dem System muss ineinandergreifend wirken und regelmäßig auf ihre Relevanz überprüft werden.

Das Modell der „Strategy to Action“ ist ein sehr kausal-logischer Zugang und lehnt sich mehr oder weniger stark an die wissenschaftliche Betriebsführung an, versucht aber, Feedbackschleifen und Interaktion bei der Strategieentwicklung zu integrieren. Traditionelles wissenschaftliches Management selbst stammt noch aus den Anfangszeiten der Managementforschung und geht auf F. W. Taylor (1856–1917) zurück. Der Kern solcher Modellannahmen ist aber immer noch die Zweck-Mittel-Beziehung oder die Frage, welche Ressourcen benötigt werden, um die strategischen Ziele zu erreichen.

Dies führt uns zurück zu einer allgemeinen Definition der kausalen Bestandteile von Strategie.

Strategisches Management, als akademische Disziplin, ist ein Prozessfluss, der sich mit der strategischen Zielplanung, Analyse, Strategieentwicklung, -bildung und -umsetzung beschäftigt. Teil der Zielplanung ist es, ein Mission-Statement und eine Unternehmenspolitik festzulegen. Sadler (2003) unterscheidet zwischen verschiedenen Ebenen: der Unternehmens-, der Wettbewerbs- und der funktionalen Strategie. Die Strategieformulierung erfolgt dabei auf einer dieser Ebenen. Die Unternehmensstrategie legt den globalen Sinn und Zweck wie auch die Richtung einer Firma fest, während die Wettbewerbsstrategie einen nachhaltigen Wettbewerbsvorteil in einem spezifischen Markt festlegt. Eine funktionale Strategie definiert spezifische Strategien, wie z.B. in der Produktion, in den Human Resources und im Marketing. Mit ihr werden die Unternehmens- und Wettbewerbsstrategie detailliert definiert und es wird geregelt, wie Schlüsselaktivitäten umgesetzt werden müssen. Die festgelegten Strategien werden bewer tet und für die Umsetzung ausgewählt. In diesem letzten Schritt werden die Maßnahmenpläne verbalisiert, ausgeführt und gemessen, indem strategische Controlling- und Feedbacksysteme installiert werden.

Kausal-logische Strategieansätze (Zweck-Mittel)

Es gibt mittlerweile eine Unzahl von Ansätzen, Modellen und Instrumenten für jeden der oben beschriebenen

Schritte. Sie können dadurch unterschieden werden, wie stark sie die Prognose und die Kontrolle, als unabhängige Dimensionen, gewichten (Dew u.a., 2003). So gewichten die Ansoff-Matrix zur Planung und Positionierung wie auch die Theorie der Schaffung von Wettbewerbsvorteilen (Porter, 2004 b) sehr stark die **Prognosedimension.** Effectuation hingegen gewichtet sehr stark auf Seiten der **Kontrolldimension.** Der bereits in einer Produkt-Markt-Matrix dargestellte Entfaltungsbereich von Effectuation ist auch gleichzeitig der Raum, wo nicht-prognostische bzw. effectuale Strategieansätze ihren Platz haben, dort zum Beispiel, wo ein neues Produkt auf einen neuen Markt trifft – die Todeszone.

Die bekanntesten und wichtigsten Beispiele für kausale Strategieentwicklungsmodelle und -tools, wie Porters „Fünf Wettbewerbskräfte", seine Industrieanalyse, die Wertkettenanalyse wie auch das COAR-Model von Chatterjee (s. S. 122) sollen kurz vorgestellt werden, denn sie sind Basiskonzepte in der Managementtheorie und wichtig für das Verstehen von kausalen Strategieentwicklungsszenarien.

Mit dem Konzept der **„Wettbewerbsstrategie"** entwickelte Porter (2004 a) Techniken und Werkzeuge, mit denen man Industrien und den Wettbewerb analysieren kann. Er meint, dass jedes Unternehmen eine Wettbewerbsstrategie durch einen genau definierten Planungsprozess entwickeln muss. Geht das nicht, so kann dies auch implizit durch die funktionalen Strategien der verschiedenen Abteilungen erfolgen. Bevor eine Firma also Unternehmenspolitik und -ziele umsetzen kann, müssen die Strategieentwickler interne und externe Grenzen beachten. Interne Einschränkungen sind z.B. die Stärken und Schwächen einer Firma, welche mittels SWOT-Analyse abgeleitet werden von den persönlichen Werten, Bedürfnissen und dem Motivationsgrad der Schlüsselführungskräfte. Externe Grenzen ergeben sich aus unternehmerischen Gelegenheiten in der Industrie, möglichen Gefahren und dem Einfluss von sozialen Erwartungen, die aus den Firmenaktivitäten entstehen. Indem festgelegt wird, wie das Unternehmen auf diese internen und externen Einflüsse reagiert, wird der Wettbewerbsvorteil herausgearbeitet. Ziel der strukturierten Analyse nach den fünf Kräften ist es, eine Position in der Industrie oder Branche zu finden, die sich am besten gegen den Einfluss der fünf Wettbewerbskräfte verteidigen lässt oder diese zum eigenen Vorteil beeinflussen kann – eine sehr militärische Methode.

Zusätzlich legt Porter drei allgemeingültige Strategien fest, um einen Erfolg zu erzielen. Diese allgemeingültigen Strategien sind die Kostenführerschaft, Differenzierung und die Nische als Strategie. Bei jeder dieser Möglichkeiten sind zwei Risiken zu berücksichtigen. Einerseits muss eine strategische Position erreicht werden und andererseits muss sie aufrechterhalten werden. Beides ist mit Risiken verbunden, gelingt es nicht, diese zu kontrollieren, kann der Wettbewerbsvorteil durch die Evolution von Branchengegebenheiten vernichtet werden. Deshalb kann der Stratege nur zwischen drei strategischen Entscheidungsoptionen wählen: der vertikalen Integration, der Kapazitätserweiterung und dem Eintritt in neue Geschäftsbereiche und neue Märkte. Um eine Industrieanalyse durchzuführen, sind eine Marktforschungsstrategie und das umfangreiche Sammeln von Daten notwendig.

Wie wir gleich sehen werden, erweitert Sayan Chatterjee von der Case Western Reserve University den Begriff der fünf Wettbewerbskräfte um die Marktgröße und das Marktwachstum. Diese dienen als Kategorien einer Segmentanalyse, um kritische Wettbewerbskräfte in diesen Branchen-Segmenten zu identifizieren.

In seinem **Buch „Wettbewerbsstrategie“** legte Porter (2004a) fest, dass jede erfolgreiche Firma einen Wettbewerbsvorteil hat, aber die Fähigkeit, diesen Vorteil zu schaffen und zu erhalten, sei der Faktor, der Gewinner und Verlierer mache. Wenn man alle Stärken und Schwächen der Unternehmensaktivitäten diagnostiziert und analysiert, kann man Schritte zur Verbesserung und Ausdehnung der Profitabilität einer Firma setzen. In **„Wettbewerbsvorteil“** (Porter, 2004b) beschreibt er Leitlinien, um einen solchen zu erhalten. Die beiden wichtigsten Faktoren für Wettbewerbsvorteil sind demnach der Kostenvorteil (der niedrigste Preis) oder die Differenzierung (hoher Preis, einzigartiger Nutzen). Um eine dieser Marktpositionen zu erreichen, muss eine klare Entscheidung fallen, auf welche Weise das bewerkstelligt werden soll. Dabei muss das Unternehmen darauf achten, was wirklich der Kundennutzen ist und was ein Nutzen für das eigene Funktionieren (die Aufrechterhaltung des Systems bzw. der Organisation) ist. Hier werden alle Unternehmensaktivitäten in der **Wertschöpfungskette** zusammengeführt. Indem jede einzelne Aktivität analysiert wird, kann ein Unternehmen eine realistische Strategie finden, um einen Wettbewerbsvorteil zu erlangen. In der Wertschöpfungskette wird dabei zwischen Primäraktivitäten (Logistik, Marketing und Verkauf, Service) und Supportaktivitäten (Infrastruktur, HR, Technologie und Einkauf) unterschieden.

Die Elemente der Wertschöpfungskette sind nicht isoliert, jede Aktivität hat eine Auswirkung auf die anderen Aktivitäten innerhalb der Kette.

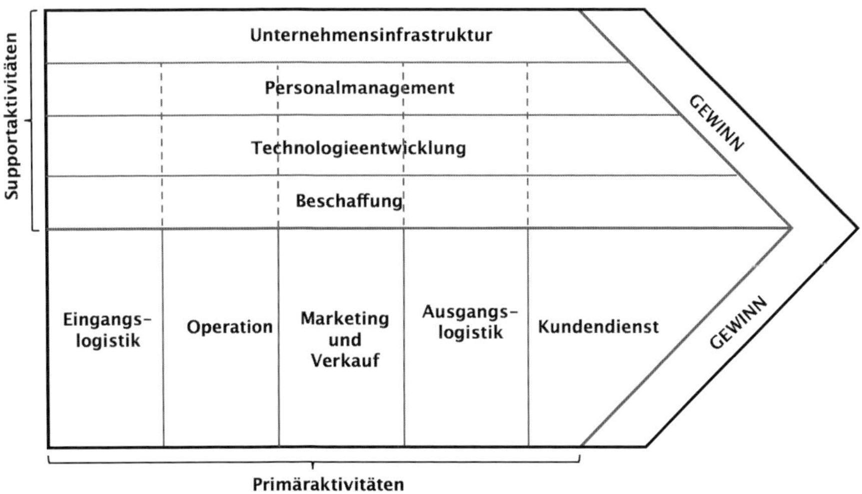

Die generische Wertschöpfungskette.
Quelle: nach Porter (2004 b)

Ein Wettbewerbsvorteil, z.B. in Form von Kostenführerschaft, kann nun durch die Kontrolle der Kostentreiber erreicht werden oder indem die Konfiguration der Wertschöpfungskette geändert wird. Wenn Differenzierung der Wettbewerbsvorteil ist, so gibt es zusätzliche Treiber für einen einzigartigen Nutzen, z.B. im Marketing, die den Unterschied ausmachen.

Sayan Chatterjee (2005 a & 2005 b) entwickelte einen hybriden Ansatz, der sich an Ergebnissen, die für Kunden relevant sind, orientiert und daraus Ziele ableitet (Ergebnis-Ziel-Ansatz) – das **COAR Model** (**C**ustomer Outcomes, Competitive **O**bjective, **A**ctivities & **R**essources). Dieses Modell befasst sich mit Risiken und Instrumenten zur Risikokontrolle. Chatterjee entwickelte das Kernkompetenzen-Konzept von Porter zu einem Fähigkeiten- und Leistungskonzept weiter, kurzum, zu den Unternehmenspotenzialen (Capabilities). So richtet sich der Fokus auf das Entwickeln von Strategien, die Risiken vermeiden und Chancen erblicken helfen, wo andere nur Gefahr sehen. Um das zu erreichen, muss das Denken, die Wahrnehmung, schlicht die Kognition, verändert werden. Dies geht nur, indem man mehrere strategische Handlungsoptionen darstellt und eine Outside-in-Perspektive einnimmt. Deshalb müssen sich Strategen auf die vom Kunden erwünschten Ergebnisse fokussieren und nicht auf die Kundenbedürfnisse, um verschiedene Handlungsoptionen zu identifizieren.

In drei Schritten kann dabei eine Strategie mit geringem Risiko entwickelt werden, welche alle drei Risikoquellen (Nachfrage, Wettbewerb und Leistung/Potenzial) abdeckt. Der erste Schritt ist, von den Leistungsergebnissen für die Kunden zu den breiteren Wettbewerbszielen zurückzublicken. Das sind jene, welche die Schlüsselergebnisse für die Kunden auf Basis des Geschäftsmodells liefern. Zweitens ist es notwendig, die Schlüsselziele zu identifizieren, die nicht vom Wettbewerb imitiert werden können. Im dritten Schritt werden die Schlüsselfähigkeiten und -leistungen dazu benutzt, um deren Risiko zu reduzieren. Fähigkeiten und Leistungen (Capabilities) sind Aktivitäten („Was muss getan werden?") und Ressourcen sind die Infrastruktur, die uns erlaubt, Aktivitäten auszuführen, um die Schlüsselziele zu erreichen. Gleichzeitig definieren

Beispiel einer COAR-Landkarte der Republic Gypsum Company, einem Hersteller für Gipswandplatten.
Quelle: nach Chatterjee (2005 b)

die Capabilities die Grenzen des Geschäftsmodells und auch die natürliche Größe und Wachstumsmöglichkeit eines Unternehmens.

Mit diesem Ergebnis-Ziel-Ansatz ist es möglich, mehrere und neue Capability-Konfigurationen zu entwickeln, etwa durch Outsourcing und Innovation. Chatterjee beschreibt verschiedene Strategien, um Capability-Risiken zu verringern.

Chatterjee definiert auch Strategien, um Märkte durch Produkte, Prozesse und Plattformen anzupassen oder zu formen. In beiden Fällen sind die Hauptziele das Schaffen von Eintrittsbarrieren (wie auch bei Porter) sowie das Festlegen einer Exit-Strategie. Letztere sollte angewendet werden, wenn irgendeine der Annahmen einer Markteintrittsstrategie ungültig wird, um den Shareholder Value zu schützen. Ein anderer Ansatz ist natürlich, dass dadurch auch die Nachhaltigkeit der Unternehmensentwicklung geschützt wird, was wiederum Werte und Vorteile für alle Stakeholder generiert.

In Chatterjees COAR-Model spielt Risikomanagement eine bedeutende Rolle. Es geht darum, wie Risiko gesteuert und kontrolliert wird. Risikovermeidung ist dabei der Prozess, der mehr oder weniger einen leistbaren Verlust definiert, aber sehr kausal bleibt.

Die zwei Dimensionen, die in diesem Risikomodell angesprochen werden, sind Klarheit und Wahlmöglichkeit. Beide bedürfen der Kommunikation, anstatt dem Entwickeln von strategischen Checklisten (Chatterjee, 2005 a). Dadurch wird klarer, warum es eine schlechte

Entscheidung ist, sich ausschließlich auf Methoden wie SWOT-, Industrie- und Wertkettenanalyse zu verlassen und isoliert an diesen zu arbeiten. Wenn man sie in der Strategieentwicklung im Dialog einsetzt, steigert sich ihr Wert als Reflektionswerkzeuge ungemein, sie sind jedoch keine Entscheidungswerkzeuge.

Kommunikation spielt auch im Folgenden eine wichtige Rolle, wo es nun um nicht-prognostische und effectual-strategische Managementansätze geht. Genau der richtige Punkt, um zu den Verhaltens- und effectualen Strategieansätzen zu wechseln.

Mittelorientierung im strategischen Management (Mittel-Zweck)

Venkataraman (u.a., 2001) bezeichnet kausal-strategische Managementprozesse als generellen Ansatz, um Ziele zu identifizieren, Mittel festzulegen und Aktivitäten zu setzen. Hingegen beginnt ein verhaltens-theoretisches strategisches Management mit der zentralen Idee, das Entscheidungsfindung darin besteht, zufriedenstellende Lösungen zu finden, anstatt die bestmögliche Hand lungsalternative zu finden (Optimierung), wie Augier (2002) meint. In diesem Kontext ist Strategie die „Kunst der Entscheidungsfindung". Herbert A. Simon sieht dies als zentrale Idee von Strategie. Er offenbart (Augier, 2002), dass strategische Entscheidungen ein wichtiges Kapitel bei der Entscheidungsfindung unter Unsicherheit sind – echte Unsicherheit, die der nach Knight entspricht.

Unter solchen Bedingungen der Unsicherheit müssen Organisationen drei Fähigkeiten entwickeln, um zu überleben und erfolgreich zu sein. Sie müssen die Form einer unsicheren Zukunft voraussehen, neue Alternativen für strategische Entscheidungen schaffen und neue Entscheidungen umsetzen, um eine Anpassung effektiver zu machen – sowohl für die Organisation als auch für Individuen.

Die **Dynamik von Märkten und der Strategieentwicklung** ist ein Ergebnis externer Faktoren, dazu gehören Kaufverhalten, Demographie, die Veränderung des Wettbewerbverhaltens, der Eintritt und Exit von Unternehmen in bekannte oder neue Märkte (Dew u.a., 2003).

Das dynamische Dreieck kausal-strategischer Management- und Entscheidungsfindungsebenen.
Quelle: nach Sadler (2003)

Strategie kann auch „passieren" – und ein Unternehmen radikal transformieren. 37signals (Livingston, 2007) wurde ursprünglich 1999 als Webdesign-Unternehmen gegründet – sozusagen in der Version 1.0 – bis sich eine ganz neue Dynamik entwickelte. Der Programmierer David Heinemeier Hansson kam als freier Dienstnehmer in die Firma. Er half quasi durch Zufall aus dem Beratungsunternehmen eine Produktfirma zu machen. Auslöser war, dass 37signals ein Tool für die Abwicklung der Kundenprojekte benötigte.

So kam es 2004 zu ersten Produkt-Programmierungen und 37signals wurde zu einem Produktunternehmen. Das online Projektmanagement-Werkzeug „Basecamp" und weitere abo-basierte Produkte wie Backpack, Ta-Da List und Campfire folgten. Die Entwicklung und komplette Umstellung der Organisation und Strategie erfolgten via Feedback durch ein Netzwerk aus Interessenspartnern – Kollegen, die das gleiche Problem beim Managen von Kundenprojekten wie 37signals hatten, fanden so zusammen.

Neben Kundenprojekten aus dem eigentlichen Beratungsgeschäft lief die Entwicklung und Transformation des Unternehmens kontinuierlich weiter. Man schuf auch die Internetprogrammiersprache „Ruby on Rails", welche als Open Source zur Verfügung gestellt wurde und ein Werkzeug zur eigenen Produktherstellung wurde. Hansson wurde mittlerweile Teil des 37signals 2.0 Managementteams und hatte einen wesentlichen Einfluss auf die Entwicklung des Unternehmens. Übrigens stieg später Jeff Bezos (Amazon Inc.) als privater Investor bei 37signals ein.

Im strategischen Management gibt es Glaubenssätze in Form von drei strategischen Ansätzen (Dew u.a., 2003), die auf diese Dynamiken treffen. **Prädiktive Strategien** unterstreichen die Bedeutung der rationalen Planung – „Arbeite härter, um besser vorherzusagen" – **adaptive Strategien** betonen die Anpassung zwischen Organisation und Umwelt – „Sei schneller, um dich an eine sich ändernde Umwelt anzupassen" – und **visionäre Strategien** spielen mit dem Sich-Ausmalen von zukünftigen Möglichkeiten und damit, diese pro-aktiv Wirklichkeit werden zu lassen – „Setzte heldenhafte Ziele, um neuen Raum in der Umwelt zu schaffen". Die Unterschiedlichkeiten zwischen diesen Ansätzen liegt in zwei kritischen Dimensionen des strategischen Verhaltens, nämlich der gegensätzlichen und unterschiedlich gewichteten Ausprägungen von Prognose und Kontrolle.[22] Dies führt zu vier Annahmen:

1. Entscheidungsfindung im strategischen Management muss ganzheitlich auf Basis dieser Gegensätzlichkeit (Dichotomie) betrachtet werden.
2. Ein vierter allgemeiner Ansatz in der Strategieentwicklung existiert.
3. Alle vier Ansätze des strategischen Managements sind verbunden mit dem Grad der Marktevolution (Theorie der Marktdynamiken).

---

[22] Oder auch im Gegensatz von Vorhersagbarkeit und Beeinflussbarkeit von Zukunft.

4. Ein theoretischer Rahmen, der Prognose und Kontrolle betont, setzt sich zwar aus diesen beiden Komponenten zusammen, ist also kombinierbar, aber trotzdem unabhängig (orthogonal bzw. rechtwinklig).

Dew (u.a., 2003) untersuchte verschiedene Artikel zum strategischen Management und dessen Theorien. Er unterteilt sie in solche, die die Vorhersagbarkeit der Zukunft und solche, die die Kontrolle der Zukunft betonen. Daraus konstruiert er einen theoretischen Rahmen, der aus den beiden Dimensionen Prognose und Kontrolle besteht.

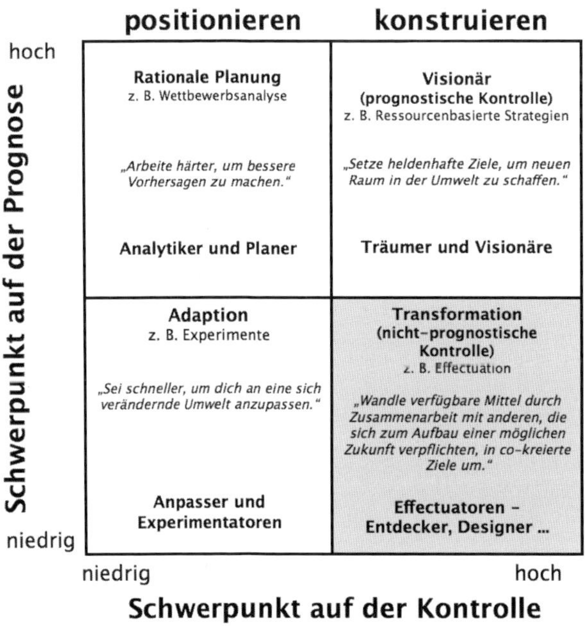

Grundsystem der Vorhersagbarkeit und Beeinflussbarkeit der Zukunft in der Strategieentwicklung.

Quelle: nach Dew u.a. (2003) & Sarasvathy (2008)

Der vierte Ansatz im strategischen Management wird durch Kombination, aber gleichzeitig auch durch die Unabhängigkeit der Vorhersagbarkeit und Beeinflussbarkeit von Zukunft definiert. Dadurch entstehen vier Felder für die Strategieentwicklung. Mithilfe von „generativen- oder Transformationsstrategien" wandelt der Stratege vorhandene Mittel in gemeinsam mit anderen, also co-kreierte Ziele um. Diese stehen für das gemeinsame Konstruieren einer möglichen Zukunft zur Verfügung. Der Stratege wird so zum Effectuator. Dieses vierte Strategieentwicklungsfeld basiert auch auf den Annahmen der echten Unsicherheit nach Knight, die sich jeder Prognose entzieht (Sarasvathy, 2008). Die Strategie zur Lösung von Problemen unter dieser Art von Unsicherheit besteht einerseits in der Kontrolle der beeinflussbaren Faktoren und andererseits darin, während dem Prozess durch Interaktion mit Stakeholdern und Interessenspartnern Kontrolle über die Ergebnisse zu erhalten – das eben ist das dynamische Modell der Effectuation.

Am Beispiel eines Kleidungsherstellers beschreibt das Nicholas Dew (2003). Derjenige Kleidungshersteller, der effizient die Produktnachfrage zur Weihnachtszeit bestimmen kann, wird seine Kosten besser kontrollieren können – etwa durch ein Warenwirtschaftssystem, eine entsprechende Logistik. Alternativ dazu könnte er ein Joint Venture mit einem Modedesigner gründen, der wiederum eine gute Beziehung zu einem Teenager-Star hat, welcher die Kleidung trägt und bewirbt. In diesem Fall würde der Hersteller nicht-prognostische Strategien verwenden, um die Kontrolle über die Nachfrage zu erhalten – also dass die Mode auch außerhalb der Weihnachtszeit gekauft wird.

Um zukünftige Ergebnisse zu kontrollieren, müssen die Handelnden einen unterschiedlichen Mix an prognostischen und nicht-prognostischen Techniken verwenden, die in einem der vier Strategiequadranten beschrieben werden.

Analytiker und Planer nutzen den rationalen Planungsansatz. Die systematische Analyse, die integrierte vorwärtsgerichtete Planung und Prognose sind dabei essenzielle Bestandteile. Im Ergebnis ist dieser Ansatz weniger abhängig von der Prognose und Vorhersage als von aktuell verfügbarer Information.

Experimentierfreudige, Anpasser und Lernwillige setzen auf den adaptiven Ansatz. Der Anteil von Analyse und Prognose wird hierbei minimiert, um experimentell und anpassungsfähig auf Situationen reagieren zu können, je nachdem, wie sie sich entwickeln, wird die Strategie angepasst. Dynamische, wegabhängige Modelle sind üblicher als analytische Modelle für die prognostische Planung.

Visionäre und Träumer produzieren visionäre Ansätze. Dieses Feld basiert auf der strategischen Absicht und dem Versuch, neue Räume zu schaffen, in die das Unternehmen perfekt passt. Nicholas Dew zählt hierzu auch die ressourcenorientierten Ansätze.

Schließlich nutzen **Effectuatoren und Designer** generative und transformative Ansätze. Nicholas Dew beschreibt improvisierende und vor allem effectuale Ansätze. Die Idee der Improvisation ist, dass man Mittel verwendet, die vorhanden sind, um ein bestimmtes Problem zu lösen. Sie sucht und erzeugt aber keine neuen Mittel und löst eher zielorientierte Handlungen aus. Effectuatoren bevorzugen Strategien der Kontrolle und versuchen die Zukunft zu formen, indem sie sich Fragen nach ihrer eigenen Identität, ihrem Wissen und Netzwerken stellen.

Zusammengefasst entsprechen die ersten drei Ansätze der Analytiker und Planer, der Experimentierfreudigen, Anpasser und Lernwilligen, wie auch die der Visionäre und Träumer dem „Zweck-Mittel"-Handeln rationaler bzw. kausaler Strategieentwicklung und sind für sich allein gut beforscht. Die Erkenntnisse und Forschungsarbeiten zum „Mittel-Zweck"-Handeln in der Strategieentwicklung und -umsetzung sind relativ neu. Dieser Forschungsbereich ist auch eine gute Gelegenheit, laufende Strategieentscheidungen unter Berücksichtigung von Marktsterblichkeit und der Idee, das neue Märkte Residuen[23] von Effectuation in diesem Strategieentwicklungsfeld sind, neu zu denken.

Der Kreis schließt sich, wenn man nun Entrepreneurship (beinhaltet Effectuation und Kreativität) selbst als Strategie und Methode betrachtet.

---

[23] Das bedeutet, neue Märkte sind eine Restgröße, und zwar das Ergebnis der Interaktion von Stakeholder und Entrepreneur und ihren Vereinbarungen sowie akkumulierten Mitteln und Zielen. Durch Prozesse wie sie das dynamische Modell der Effectuation schildert, kann man auch von einer „Rationalisierung" menschlicher Artefakte (neue Unternehmen, Produkte ...) durch Effectuation sprechen.

Effectuation ist bevorzugter Denkansatz erfahrener Entrepreneure. Die Erkenntnisse können aber auch zur Strategieentwicklung in Unternehmen genutzt werden.

Die Strategie der Effectuation wird von Sarasvathy deutlich mit dem dynamischen Modell der Effectuation beschrieben (siehe 2. Teil des Buches). Unternehmerische Handlungen fokussieren sich dabei auf die Mittel, die in neuen Mitteln und Zielen enden können. Sie erreichen das durch eine Transformationsstrategie, indem sie frühzeitig mit potenziellen Stakeholdern und wesentlichen Akteuren interagieren. Ein Prozess der Selbstselektion von Stakeholdern startet, bei dem sich Stakeholder bewusst dazu entscheiden, einen Beitrag, z.B. eigene Mittel, zu liefern – was Ergebnis von Interaktion und Verhandlungen ist. Die Fähigkeit des Entrepreneurs besteht nun darin, aus den entstehenden Bindungen das neue Unternehmen zu formen (Sarasvathy, 2007).

Für Unternehmen ist es wichtig, strategische Entscheidungsgelegenheiten (oder unternehmerische Gelegenheiten) zu identifizieren, die in das Handlungsfeld der Effectuation fallen. Für den Entrepreneur ist es wiederum wichtig, kontextabhängige unternehmerische Gelegenheiten zu identifizieren, die er oder sie nutzen kann. Das bedeutet, dass das strategische Management von einem Entscheiden und Handeln in einer Umwelt dazu übergehen muss, an dieser selbst zu arbeiten – wie der Manager, der im Unternehmen arbeitet und der Entrepreneur, der am Unternehmen arbeitet, muss sich die Organisation deutlich entscheiden, in oder an der

Umwelt zu arbeiten. Diese Entscheidung trifft daher der Entrepreneur als Person oder das Managementteam.

Unterschiedliche Unternehmen werden dabei unterschiedliche unternehmerische Gelegenheiten erkennen, entdecken oder schaffen. Fazit ist, dass Märkte und auch externe Umwelten sowohl geschaffen als auch entdeckt werden können (Sarasvathy, 2007). Das bedeutet aber auch, dass Innovation nicht nur eine Möglichkeit ist, neue Markt- und Produkteigenschaften zu kombinieren, sondern auch die Anwendung transformativer Methoden, die sich aus der Logik der unternehmerischen Wirkung ableiten. Sarasvathy fand bei ihren Forschungsarbeiten elf verschiedene Arten von Transformationsstrategien, die erfahrene Entrepreneure einsetzen, um neue Artefakte zu schaffen. Diese elf Strategien bereichern Entrepreneurship als Methode und als strategisches Werkzeug, und sind eine Ergänzung zu dem strategischen Vorgehen aus dem dynamischen Modell der Effectuation. Sie werden in folgender Tabelle kurz beschrieben und sollen als Denkanregung dienen; der Motor neuer Artefakte bleibt das dynamische Modell der Effectuation.

Entrepreneurship selbst und auch Effectuation sind sehr nützliche Strategien in der Gründungsphase eines neuen Unternehmens und darüber hinaus. Aber wie ist es möglich, eine unternehmerische Kultur aufrechtzuerhalten, wenn das Unternehmen wächst und kausaler wird? Eine der Top-Prioritäten eines Entrepreneurs und seines Managementteams ist es, eine wirklich exzellente unternehmerische Kultur (Corporate Entrepreneurship) zu schaffen, um das vierte Feld der Effectuatoren und Designer für die Strategieentwicklung und -umsetzung nutzen zu können. Dies ist vor allem auch für das strate-

Transformationsstrategie	Beschreibung
Entfernen/Ergänzen	Kombinatorischer Vorgang.
Zusammensetzen/Auflösen	Reorganisieren von vorhandenem Material durch Zusammensetzen und Auflösen der Komponenten.
Exaptation	Transformieren vorhandener Artefakte durch neue Anwendungen.
Manipulation	Invertieren, Spiegeln, Drehen, Umdrehen einer Idee oder eines Artefakts (Inside-out-Denken).
Umformung	Bewusstes Umformen einer ursprünglichen Idee oder eines Konzeptes.
Lokalisierung/Regionalisierung/Globalisierung	Den Marktumfang für Unternehmungen durch die Annahme kleinerer und größerer Märkte verändern.
Prototypisierung	Die ursprüngliche Instanz als Prototyp benutzen und in eine neue Instanz transformieren, welche dieselben Grundeigenschaften hat.
Stereotypisierung	Typische und allgemeine Transformationstypen anwenden.
Ad-hoc-Verbindung	Themen ergeben sich aus der Verknüpfung von Vorerfahrungen und Erinnerungen. Dadurch wird mit vorhandenen Problemen und unternehmerischen Gelegenheiten gestartet.
Neugewichtung	Erhöhung oder Verringerung der relativen Bedeutung von Produkteigenschaften oder Märkten.
Neuordnung	Ändern der Reihenfolge von Produkteigenschaften oder Marktkomponenten.

Elf Transformationsstrategien erfahrener Entrepreneure.

Quelle: nach Sarasvathy (2007)

gische Management großer Unternehmen eine Herausforderung.

Hisrich (2004) beschreibt, wie eine Intrapreneurship-Kultur in Organisationen etabliert werden kann. Er listet mehrere Punkte auf, die eine gute Corporate Entrepreneurship Kultur kennzeichnen, wie z.B. dass neue Ideen, aber auch „Trial-and-Error"-Versuche gefördert werden, Fehler erlaubt sind, ein passendes Belohnungssystem verfügbar ist und ein interdisziplinärer und bereichsübergreifender Teamansatz existiert.

Die Entwicklung von Gmail, dem beliebten web-basierten E-Mail-Dienst von Google, ist ein interessantes Beispiel für eine spannende Intrapreneurship-Kultur (Livingston, 2007), die in der Unternehmens-DNA und Strategie verankert ist. Paul Buchheit war der 23. Angestellte von Google und hatte z.B. auch das Motto „Don't be evil" vorgeschlagen sowie den ersten Prototyp von AdSense entwickelt. Obwohl er kein Gründer von Google war, hat er einen wesentlichen Beitrag zur Google-Erfolgsgeschichte geleistet. Gmail war im Grunde ein Startup innerhalb von Google und wurde auch gegen den Widerstand aus dem Unternehmen innoviert.

(Corporate-)Entrepreneurship und ein kontextsensitiver Einsatz von kausal- und effectual-logischem Denken und Handeln sind machtvolle Werkzeuge, nicht nur für erfahrene Unternehmer, sondern auch für Individuen, die ein neues Projekt oder eine Unternehmung umsetzen wollen. Diese Werkzeuge sind aber auch für etablierte Unternehmen nützlich, die in einem Umfeld tätig sind, das sich auf die Beeinflussbarkeit der Zukunft (Kontrolle) und weniger auf die Vorhersagbarkeit von Zukunft (Prognose) stützen muss, um erfolgreich zu sein.

Das Bild fügt sich zu einem Ganzen, wenn man bedenkt, dass strategisches Management den Fokus hat, Ziele zu erreichen, und Entrepreneurship den Start neuer Produkte, Unternehmen und Märkte anstrebt. Auf der einen Seite findet sich der klassische Ansatz im strategischen Management, das auf kausal-logischem Entscheidungsverhalten beruht, während auf der anderen Seite Entrepreneurship kreative Handlungen aus dem effectual-logischem Denken heraus setzt und von der Annahme ausgeht, dass Zukunft kontrollier- und beeinflussbar ist. Bevor es jedoch neue Produkte oder Unternehmen gibt, gibt es die **menschliche Vorstellungskraft**. Bevor es neue Märkte gibt, ist da das **menschliche Streben** danach. Entrepreneure erschaffen durch die Verbindung der menschlichen Vorstellungskraft mit dem menschlichen Streben neue Märkte, die es vorher nicht gab. Diese beiden Faktoren sind die ausschlaggebenden Motoren, im Entrepreneurship, aber auch im strategischen Management. Durch die Gedanken der Effectuatoren (Forscher, Entdecker, Designer ,...) werden (radikale) Veränderungen in Märkten ausgelöst und wird Neues geschaffen.

Sell, sell, sell ... like hell!

»Adam Smith hat sich geirrt, wir müssen auf das Kooperativ spielen.«
Russell Crowe als John Nash in „A Beautiful Mind"

Verschiedene Untersuchungen machen auch die Wichtigkeit von Effectuation im Marketing deutlich. Sarasvathy beschreibt auf Basis eines Marketingprozesses die Unterschiede zwischen kausaler und effectualer Logik.

Zielorientierung im Marketing (Zweck-Mittel)

Der Marketingplan ist ein wichtiger Teil in jedem Business Case und Plan, denn das Endergebnis eines guten Planes ist der Verkauf in Stück und eine gut definierte Positionierungsstrategie. Der Marketingplan ist die schriftliche Zusammenfassung von Marketingzielen, -strategien und Maßnahmen, die bei der Umsetzung des Business Plans berücksichtigt werden müssen (Hisrich u.a., 2008 a). Dabei kann der Entrepreneur oder der Marketingmanager Werkzeuge wie die „4 P's" (Product, Placement, Price und Promotion bzw. den Marketing-Mix) einsetzen. Bevor der Marketingplan erstellt wird, muss eine Industrie- und Wettbewerbsanalyse durchgeführt werden, um möglichst viel Wissen über die momentane Marktsituation und die Strategien des Wettbewerbs zu bekommen. Ist das erledigt, wird die Zielgruppe festgelegt. Kottler (2001) beschreibt dabei sechs Schritte, um den Markt zu segmentieren, die Zielgruppe

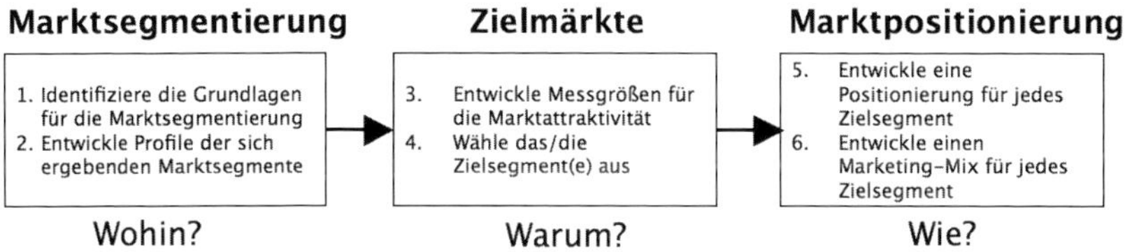

Sechs Schritte für die Marktsegmentierung, Zielgruppe und Marktpositionierung (STP-Ansatz).
Quelle: nach Kottler u. a. (2001)

und die Marktpositionierung zu definieren.
Im Marketingplan muss auf die Neuheit des Produktes oder Services für die Organisation, für den Markt, den Kunden und auch das Vertriebssystem Bezug genommen werden. Dies hat einen Einfluss auf die Rollout-Strategie, und genauso darauf, wie Kunden das neue Produkt oder Service akzeptieren werden.

Hisrich meint, dass ein guter Marketingplan drei Grundfragen beantworten muss: Woher kommen wir, wohin wollen wir gehen (kurzfristig) und wie machen wir das? Ein Marketingplan ist ein „lebendes Dokument", nicht nur eine Anleitung zur Umsetzung einer Marketingstrategie. Der Plan sollte sich mit dem Firmenwachstum mitentwickeln, die Weiterentwicklung der Organisation unterstützen und Basis für zukünftige Planung sein.

Die Beantwortung der Fragen nach Hisrich, Kottler u.a. hat natürlich Konsequenzen für die Marketingstrategie und den Marketing-Mix. Die Prognose für Verkaufs- und Nachfragezahlen wie auch die Erstellung des Budgets erfolgt auf Basis von Statusanalysen, Marktforschung, Marketingstrategien und Maßnahmeplänen. Dabei ist es ebenfalls wichtig ein Controlling-System zu schaffen, um die erreichten Marketingziele zu messen und zukünftige Marketingentscheidungen zu fördern.

Kawasaki (2004) betont den Unterschied zwischen einer Top-down- und einer Bottum-up-Progonose und empfiehlt einen Buttom-up-Ansatz.

Der Top-down-Ansatz geht von einem größeren Markt aus, der in Zielgruppen eingeteilt und in Marktzahlen umgewandelt wird. Dadurch soll der mögliche prozentuelle Marktanteil errechnet werden. Wenn der Markt groß genug ist, so ist es für den unerfahrenen Entrepreneur oder den Marketing Manager einfach, sich selbst zu betrügen, indem er denkt, es wird leicht, z.B. ein Prozent des chinesischen Marktes zu erobern ... Umgekehrt startet der Buttom-up-Ansatz mit Zahlen aus der realen Welt und betrachtet die vorhandenen Ressourcen, also z.B. wie viele Telefonverkäufer verfügbar sind. Auf Basis dieser Information kann geplant werden, wie viele erfolgreiche Telefonverkäufe ein Verkäufer pro Jahr tatsächlich schaffen kann. Auf Basis wiederum dieser Information wird die Prognose erstellt. Kawasaki empfiehlt Bootstrappern (siehe Exkurs zum Bootstrapping) hauptsächlich die Buttom-up-Variante.

Ein guter Marketingplan ist fokussiert auf Ziele, Maßnahmen und Budgets und definiert durch einen eindeutigen Prognosehorizont (Homburg & Krohmer, 2003).

Mittelorientierung im Marketing (Mittel-Zweck)

Der Effectuator hingegen startet mit der Identifizierung von Kunden und definiert diese im Nachhinein. Kurz, er sucht den ersten Kunden und definiert die weiteren Kunden über diesen und die folgenden. Danach kommen Marktsegmente und Partner hinzu, die ihm erlauben, mögliche Märkte zu identifizieren und zu definieren. Verglichen mit dem kausalen Marketingprozess ist Effectuation seine genaue Umkehrung. Sobald der Markt klar definiert ist, kann wiederum ein kausaler Marketingprozess angewandt werden, um Marktanteile und ein Unternehmenswachstum zu erzielen (Sarasvathy, 2001 a). Die Gründungsgeschichte von RIM, dem Blackberry-Produzenten, liest sich über die verschiedenen Entwicklungsphasen wie eine laufende Suche nach dem jeweils passenden ersten Kunden (Livingston, 2007) – was zu einem 600.000-US-Dollar-Vertrag mit General Motors führte. Seit den 90er Jahren des vorigen Jahrhunderts beschäftigte man sich mit drahtlosen Netzwerken. Eine Serie von Projekten kumulierte schließlich 1999 in der Einführung des Blackberrys – einer Produktinnovation, die auch den Telekom-Markt maßgeblich beeinflusst hat.

Stuart Read, Professor an der schweizerischen IMD, führte eine vergleichende Studie zwischen 27 erfahrenen Entrepreneuren und 37 unerfahrenen Managern durch (u.a., 2007). Dabei mussten die Teilnehmer bei Marketingentscheidungen unter Unsicherheit laut denken. Die Ergebnisse dieser Studie beeinflussten nachfolgende Überlegungen zum Marketing-Mix maßgeblich. Fol-

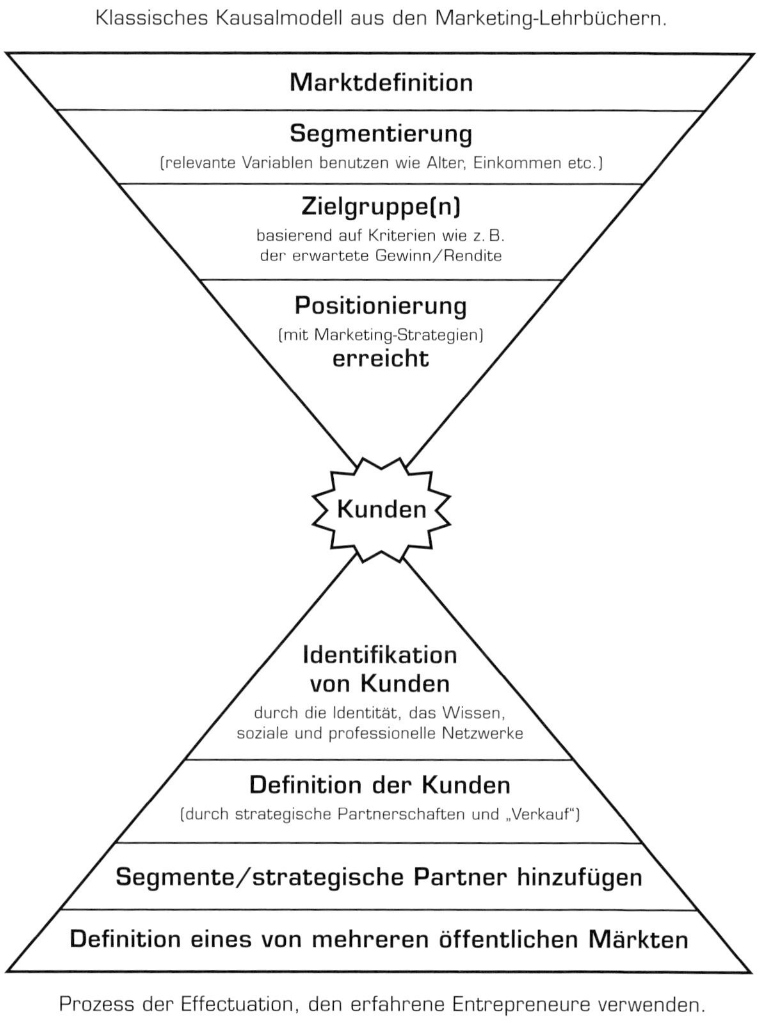

Das kausale Modell aus dem Marketing in Kombination mit dem Prozess der Effectuation im Marketing, den erfahrene Entrepreneure anwenden.

Quelle: nach Sarasvathy (2008)

gende Vorlieben kann man sich dabei von den erfahrenen Entrepreneuren abschauen, die für die Entwicklung eines Marketing-Mix unter unsicheren Bedingungen empfohlen werden können.

Produkt: Kunden in die Produkt- oder Dienstleistungsentwicklung miteinbeziehen und das Produkt als ein Ergebnis dieses Prozesses verstehen und nicht als Ausgangspunkt einer Entwicklung.

Preis: Kundenbeziehungen ausnützen, um den Wert des angebotenen Produktes zu verstehen und einen Preis, der diesem Wert entspricht, festlegen. Im Zweifelsfall einfach eine höhere Marge annehmen (skim pricing[24]).

Placement (Distribution): Vertriebskanäle sollen nicht als Lieferanten betrachtet werden, sondern vielmehr als Partner oder Stakeholder, die einen Anteil bei der Schaffung unternehmerischer Gelegenheiten und Erfolgsvergütung haben.

Promotion: Word-of-Mouth-Marketing und Public Relations immer und überall anwenden. Kunden und Stakeholder sind dabei die besten Verkaufspromotoren in unsicheren Situationen. Apple und auch Guy Kawasaki haben den Begriff des Evangelism Marketing geprägt, eine weiterentwickelte Form der Word-of-Mouth-Vermarktung. Dabei verbreiten Mitarbeiter, aber vor allem auch Kunden, die frohe Botschaft des neuen Produktes oder Unternehmens, rekrutieren neue Kunden usw. So

[24] Zuerst wird ein höherer Preis festgelegt, der über die Zeit langsam verringert wird, um den passenden Preispunkt zu finden.

gewonnene Kunden promoten „ihre" Marke nicht, weil sie dafür bezahlt werden oder Produkte gratis bekommen, sondern weil sie überzeugt davon sind, dass sie anderen damit einen Nutzen bringen und auch, weil sie die Welt zu einem besseren Ort machen wollen.

Die Forschung, wie Marketing von erfahrenen Entrepreneuren gemacht wird, steckt im Vergleich zu Marketing in etablierten Unternehmen noch in den Kinderschuhen. Die Überlegungen gehen jedoch weit über den Marketing-Mix hinaus. So ist das zentrale Konzept der Effectuation das Nicht-Prognostizierbare zu kontrollieren. Daher ist es logisch, dass Entrepreneure oder erfahrene Marketing-Manager (mit unternehmerischem Geist) reinen Marktdaten misstrauen, sich auch auf ihre eigenen Erfahrungen und ein bisschen auf Intuition verlassen. Denn es ist möglich, dass Märkte oder Produkte sich über die Zeit ganz anders entwickeln als vielleicht zu Beginn des Entwicklungsprozesses gedacht. Entrepreneure ziehen auch alternative Märkte in Betracht, selbst wenn dadurch Produkte und Strategien komplett verändert werden müssen. Ein Marketing-Novize akzeptiert hingegen leichter einen Zielmarkt oder Produkte, die es einzuführen gilt. Das bedeutet auch, dass Entrepreneure wesentlich mehr alternative Varianten eines Marktes oder eines Produktes ergründen – eben auch solche, die es laut Marktforschung gar nicht geben dürfte.

Erfahrene Unternehmer nehmen die Welt ganzheitlich war, sie sehen eher die Gestalt, die durch ihre Strukturbeziehungen bestimmt wird, als isolierte Einzelteile.

Das beinhaltet auch ein längerfristig orientiertes Denken, als dies bei Management-Novizen der Fall ist, die das nächste Monatsbudget oder den Quartalsreport erfüllen müssen.

Hier helfen dem Entrepreneur sicherlich die zwei Prinzipien der „Zufälle und Überraschungen" (Prinzip # 4) und der „Strategischen Partnerschaften und Allianzen" (# 3), um Märkte und Produkte/Dienstleistungen zu überdenken und diese neu zu gestalten.

Bei der Marketing- und Finanzstrategie, die bestimmt, woher das Geld kommt und wohin es geht, kann man auch klare Unterschiede sehen. Beim Marketing-Mix haben wir schon gesehen, dass Entrepreneure eher eine Skim-Pricing-Strategie einsetzen als eine Penetrationsstrategie. Mit einer Penetrationsstrategie würde man „mehr für weniger" erhalten. Dadurch wird aber nur ein wesentlich geringerer Ertrag erzielt als möglich wäre. Auch hier ist klar, dass sich Entrepreneure auf die Preise verlassen, die sie direkt mit ihren Kunden, Partnern ... verhandelt haben, als auf solche, die durch Marktforschungsmodelle berechnet worden sind. Das bedeutet auch, dass ein Unternehmer den ersten Verkauf meist selbst erfolgreich abschließt. Er oder sie begibt sich selbst auf die Suche nach dem ersten Kunden und Partner – eine Stärke ist sicherlich der direkte Verkauf, und sei es der Verkauf der unternehmerischen Idee an sich.

Auf der Ausgabenseite haben wir im Prinzip des „leistbaren Verlustes" (# 2) einen interessanten Partner. Da erfahrene Entrepreneure nur das investieren, was sie sich auch leisten können zu verlieren, spielen bei ihren Entscheidungen, etwa wenn es darum geht, eine Marketingstrategie umzusetzen, die Finanzressourcen eine wichtige Rolle. Erfahrene Entrepreneure hinterfragen nicht nur stärker die Kosten, sondern finden auch immer wieder Strategien, die wenig oder gar nichts kosten – Guerilla Marketing etwa oder Kombinationen mit anderen Prinzipien (z.B. #3). Klassische Manager hingegen konzentrieren sich eher auf den Markt oder das Produkt mit dem größten finanziellen Wachstumspotenzial und betrachten die Kosten-Seite dabei weniger.

Marketingentscheidungen unter Ungewissheit (echte Unsicherheit nach Knight) oder bei knappen Budgets treffen erfahrene Entrepreneure anders, als es sich in den klassischen Lehrbüchern oder Studien findet. Effectuation ist netzwerk-orientiert und setzt auf Co-Creation von Märkten und Produkten. Das ist eine Gegenposition zu einem rein transaktions-basierten Marketing, d. h. eine Firma erhält Geld für eine Leistung und ein Kunde erhält eine Bedürfnisbefriedigung für sein Geld. Interessant ist dies auch für die Marktforschung, die so durch Co-Creation, Partnerschaftsstrategien mit Stakeholdern und vor allem potenziellen Kunden bereichert wird. Neue Ideen sind hier sicherlich auch Crowd-Sourcing (Schwarmauslagerung), Open Innovation und neue Möglichkeiten durch Collaboration-Technologien. Der Wert an Information und Wissen, der dadurch geschaffen wird, ist gerade in der Anfangsphase eines neuen Marktes oder Produktes von unschätzbarem Wert und ganz nebenbei nähert man sich auch gleich seinem ersten Kunden, da man ihn in die Entwicklung einbindet, und gar nicht erst durch klassisches Marketing ansprechen muss. Ein anderer Vorteil ist natürlich, dass es genau durch diese Interaktion zu „Zufällen und Überraschungen" (#4), mitunter auch zu „positiven Unfällen" kommen kann, die zu ganz neuen Markteinsichten oder Produkten führen.

Mit dieser Betrachtungsweise wird durch die Erarbeitung des Marketing-Mix (4 P's) selbst auch ein iterativer (siehe nächstes Kapitel, „Projektmanagement") und interaktiver Prozess durch die Zusammenarbeit im Team, mit Kunden und Stakeholdern ausgelöst.

Exkurs: Eine Domina namens „Service"

Der folgende interessante Ansatz findet sich bei Read. Es ist dies die **servicezentrierte Sichtweise des Marketing** (S-D-Logic, „Service Dominated Logic of Marketing") im Gegensatz zu einer güterzentrierten Sichtweise (G-D-Logic, „Goods Dominated Logic of Marketing") nach Vargo und Lusch (2004).

Servicezentriertes Marketing ist dabei nicht mit einem reinen Dienstleistungsmarketing zu verwechseln. Vielmehr ist damit gemeint, dass Güter zu Neben- bzw. Beiprodukten werden. So ist ein Glas unter dieser Betrachtungsweise wertlos, wenn man es nicht benutzt. Trinkt man daraus, wird das Glas zu einem Service Provider –

man konsumiert nicht den Becher, sondern das Wasser mit ihm. Somit sind nicht mehr die Güter (mit Hilfe des Marketing-Mix) die fundamentale Einheit des Austausches, sondern Dienstleistungen. Für eine Serviceerbringung ist immer Spezialwissen erforderlich, genauso wie ein Netzwerk (Nutzer, Co-Creatoren, Stakeholder usw.) zur Nutzung und Erstellung notwendig ist. Historisch gesehen musste man im Marketing beispielsweise nach dem Zweiten Weltkrieg „nur" Nachfrage befriedigen, erst später ging es darum, Kunden und Märkte zu managen. In Zukunft wird es aber stärker darum gehen, Marketing mit Kunden und Partnern zu betreiben – mit Stakeholdern zusammenzuarbeiten, eine nachhaltige Wertschöpfung zu erzielen und aufrecht zu erhalten.

Güter werden im servicezentrierten Marketing selbst zu einem Verteilungsmechanismus für Dienstleistungen – und dadurch werden „operante Ressourcen"[25], das sind die meist „unsichtbaren", immateriellen Mittel innerhalb eines Wertschaffungsprozesses (also z.B. Wissen, Erfahrung), zu einem klaren Wettbewerbsvorteil. Prof. Dr. Helge Löbler erklärte das bei einem Vortrag am Beispiel eines Friseurgeschäfts: Nicht die Frisur, der Haarschnitt seien wesentlich, sondern der Friseur mit seinen Kompetenzen (Fähigkeiten und Wissen) und eingesetzten Werkzeugen (oder Mitteln). Die Fertigung des Haarschnitts sei nicht das Ende, sondern nur eine Zwischenphase, denn

[25] Im Gegensatz dazu sind die „operanden Ressourcen" das *Ziel* eines Wertschaffungsprozesses.

die Benutzung des Produktes (des fertigen Haarschnitts) erweitert die Fertigungskette, indem z.B. eine gelungene Ballfrisur auf einem Ball die erwünschte Aufmerksamkeit tatsächlich erzielt. Die „operante Ressource“ ist somit das Wissen, die Erfahrung und die Fertigkeit, eine exzellente Ballfrisur herzustellen, die „operande Ressource“ ist die gelungene Ballfrisur selbst.

Der eigentliche Wert der Dienstleistung wird dann aber auch nicht mehr nur durch das Unternehmen allein bestimmt. Ein Unternehmen kann Leistungsversprechen abgeben, den eigentlichen Wert co-kreiert der Kunde. Das ist der Punkt, wo ein servicezentriertes Marketing relational (netzwerkorientiert), kundenorientiert arbeitet und, je nach Situation, den Wert eines Produktes oder einer Dienstleistung anders definieren kann.

So könnte eine Frage für ein Touristikunternehmen lauten: Wer co-kreiert das Reiseerlebnis? Der Reisende selbst! Durch seine Vergangenheit, seine Geschichte, seine eigenen Erfahrungen, aber auch durch die Personen um ihn herum, die seine Erfahrungen teilen, wenn sie ihn begleiten, genauso wie die momentane Umgebung.

Menschen „sehen“ die Welt nicht mit ihren Augen, sondern mit ihren Erfahrungen. Wir beschreiben beim Sehen immer unsere eigene Erfahrung und formen dabei über die Zeit Heuristiken. So sind auch die effectualen Prinzipien der erfahrenen Entrepreneure Heuristiken – geistige Landkarten für bestimmte Lösungswege.

Im Sinne der Effectuation ist die Co-Creation von Dienstleistung und ihr subjektiver Wert durch Einbe-

ziehung von Kunden, Partnern, Stakeholdern etc. im Rahmen der Dienstleistungserstellung somit ein weiterer Ansatzpunkt (Prinzip # 3). Der Kunde selbst wird zu einer „operanten Ressource“ (wie der Friseur im Beispiel). Er ist nicht mehr nur ein Zielkunde, sondern wird zu einem Mitproduzenten (Co-Kreator).
Nach Vargo & Lusch kann Wert nicht nur co-kreiert, sondern auch co-produziert werden – es geht also um zwei Komponenten. Wie wir von Ikea wissen, schaffen die Wohnwelten, die andere Kunden im Kundenmagazin veröffentlichen, einen Wert für uns selbst (Co-Kreation) und gleichzeitig schaffen Kunden Wert durch das Zusammenbauen der eigenen Möbel (Co-Produktion). Dadurch wird auf beiden Seiten Wert geschaffen, auf Seite des Unternehmens und auf der des Kunden. Es kommt zu einer hybriden Wertschöpfung. Lego Bausteine sind ebenfalls ein schönes Beispiel dafür, wie klar zwischen diesen beiden Komponenten unterschieden werden kann. Oder werfen Sie einen Blick auf www.spreadfirefox.com!

Marketing-Pioniere

Wie auch schon im klassischen Gründungsbereich beschrieben, ist es an der Zeit, Marketing-Lehrbücher zu erweitern und neue Erkenntnisse auch in der Praxis anzuwenden. Unterstützt durch die Forschung gibt es mittlerweile gerade bei den hier beschriebenen neueren Ansätzen aus dem Marketing und Entrepreneurship eine

Vielzahl von Beispielen, wie es funktionieren kann. Genau diese Erkenntnisse heißt es nun zu nutzen, sei es durch ein Umdenken und Erweitern des Marketing-Mix, den Umgang mit Ungewissheit und Innovation im Marketing, sei es, die Kunden bei der Markt- und Produktentwicklung zu integrieren oder öfter durch die Brille eines Entrepreneurs auf das eigene Geschäftsmodell zu schauen.

Studienergebnisse zeigen, dass auch bei Entscheidungen im Marketing-Bereich die Expertise, also die Erfahrung, eine Rolle spielt. So entscheiden erfahrene Entrepreneure anders als „normale" Manager. Manager sind dabei nicht „besser" oder „schlechter" als erfahrene Unternehmer. Es zeigt sich lediglich, dass in bestimmten Situationen und mit bestimmter Erfahrung unterschiedliche Entscheidungsheuristiken angewendet werden. Erst, wenn man beide Denkwelten, die kausale und die effectuale, kennt, kann man in der Situation entscheiden, was wirkungsvoller ist.

Eines ist sicher: Marketing steht unter einem ungeheuren Erfolgsdruck, sei es durch Märkte und Kunden, die unberechenbarer geworden sind, Konsolidierungen, Preiskämpfe usw. Die Effectuation erfahrener Entrepreneure, etwa ein servicezentriertes Marketing, zeigt jedoch Wege auf, die das klassische Vorgehen erweitern und bereichern. Erweitern Sie Ihren Horizont, auch wenn das bedeutet, das eine oder andere Produkt radikal zu verändern, weil Sie soeben für eine neue, anfangs gar nicht bedachte Variante Ihren ersten Kunden gefunden haben. Schicken Sie keine Käufer weg!

Wir haben zu Beginn kurz über den Marketing Plan als Teil des Business Plans geschrieben. Was für den Entrepreneur eine wichtige Aufgabe ist, möchte er eine externe Finanzierung gewinnen und seine Ideen dazu in systematischer Form zu Papier bringen, ist für die Marketingabteilungen und Agenturen das tägliche Brot – nämlich Marketingkonzepte und -pläne zu erstellen. Neben den festzulegenden Zielen kann man so die dafür nötigen Ressourcen und Aktivitäten bestimmen. Zweck der Übung ist es natürlich auch, für seine Ideen interne oder externe Geldgeber bzw. Auftraggeber zu finden. Mit diesen soll eine systematisierte Auseinandersetzung über einen Markteintritt oder Produktlaunch geführt werden.

Solange der Marketingplan als das gesehen wird, was er ist – ein Instrument – ist alles in Ordnung. Gefährlich wird es aber dort, wo unreflektiert an die Sache herangegangen wird und der Marketingplan zum Selbstzweck wird. Läuft es gut, legt der Boss das Ziel fest, läuft es besser, liefert die Marktforschung die dafür nötigen Daten und schon geht es eigentlich nur noch darum, sich die passenden Aktivitäten und Ressourcen zusammenzusuchen und das „Go!“ zu erhalten.

Doch hier ist der richtige Zeitpunkt, innezuhalten und genau zu überlegen und zu hinterfragen, in welchem Markt man sich eigentlich befindet. Darüber hinaus ist dies die letzte Chance, sich noch einmal zu fragen: Wie wird der Marketingplan erstellt? Wer arbeitet mit? Wie kommt es zu Zielen? Wie finden sich Ressourcen? ...

Wer sind Ihre Partner und Stakeholder, was können Sie mit Ihren Mitteln machen, wie sieht die Kostenseite aus? Alles Fragen, wie sie sich auch erfahrene Entrepreneure häufig stellen.

Was wir von Effectuation auf jeden Fall auch für die Marketingplanung lernen und umsetzen können, ist die Bedeutung der Menschen, Prozesse, Kreativität und Innovation, der Kunden, Partner und Stakeholder wie auch der Bereitschaft, sich auf Experimente im Bereich der leistbaren Verluste einzulassen.

Als CEO, Marketing-Manager etc. haben Sie es auch in der Hand, Ihren Mitarbeitern so viel Verantwortung zu übertragen, dass sie das machen können, wofür sie bezahlt werden – lassen Sie sie ihren Job besser erledigen. Nicht umsonst gibt Google oder 3M seinen Mitarbeitern Arbeitszeit, um an eigenen innovativen Ideen zu arbeiten. Geben Sie ihnen auch die Sicherheit, dass keine Köpfe rollen, wenn einmal etwas daneben geht – stimmt der Prozess, ist der entstandene Schaden lokal begrenzt. Das heißt: Arbeiten Sie auch an Ihrer Fehlerkultur. Lernen, Kreativität und Innovation können nur dort wachsen, wo auch Fehler gemacht werden dürfen, und hier haben Sie einen schweren pädagogischen Auftrag, denn Sie müssen Ihr Unternehmen wahrscheinlich neu sozialisieren – auch ein Ergebnis unseres Ausbildungssystems und unserer Kultur. Innovationen können nur dort gedeihen, wo der richtige Rahmen zur Verfügung steht, dazu gehört nicht nur eine Umverteilung von Verantwortung und Entscheidungsbefugnissen (Empowerment und

Selbstverantwortung) in Richtung Mitarbeiter, sondern auch die richtige Belohnung für Innovation. Beteiligen Sie die Mitarbeiter auch nicht nur an den Lorbeeren, sondern belohnen Sie sie auch mit anderen Leistungen, sei es ein Firmenhandy, eine prozentuelle Beteiligung an einem Patent etc. Ihrer Fantasie sind keine Grenzen gesetzt. Wenn Mitarbeiter anfangen zu überlegen, ob sie nicht woanders mehr Anerkennung, Geld, Lob ... für innovative Ideen und Produkte erhalten als in Ihrem Unternehmen, tja dann ... Hören Sie aber nicht bei Ihren Mitarbeitern auf, denken Sie weiter, denken Sie auch an Ihre Kunden, Partner und anderen Stakeholder.

Schlüsselfragen

- In welchem Markt befinden Sie sich? Können Sie wirklich alles genau prognostizieren und berechnen?
- Wie würden Sie als erfahrener Entrepreneur/Marketeer an die Marketingplanung herangehen? Wo liegt Ihr Startpunkt?
- Heute schon Ihre Mitarbeiter und Kunden empowert und zur Selbstverantwortung ermutigt?

Pimp your „Projektmanagement“

»Wenn das einzige Werkzeug, das du hast, ein Hammer ist, werden bald alle deine Probleme wie Nägel aussehen.«
chinesisches Sprichwort

Ist das, was für klassisches und kausal-logisches Management gilt, auch im Projektmanagement gültig?

Projekte, Multi-Projektmanagement, Projektportfolios und Programme können fast als zeitlich begrenzte Mini-Abbilder von Organisationen gesehen werden. Ein Extrembeispiel sind natürlich extrem projektorientierte Unternehmen.

Bei Projekten ist klar, es gibt einen Zweck, und der Mitteleinsatz, um diesen Zweck zu erreichen, muss optimiert werden. Die dafür zur Verfügung stehenden Methoden und Werkzeuge dienen dazu, diesen Weg möglichst rasch und gut zu überwinden.

Von Projekten und Programmen

In der Literatur finden sich unzählige Definitionen darüber, was Projekte eigentlich sind. Die Merkmale von Projekten sind meistens, dass sie neuartig, zielorientiert, komplex und dynamisch, interdisziplinär und fachübergreifend sowie natürlich bedeutend für eine Organisation sind (Patzak & Rattay, 1997).

Im Normalfall gibt es einen Projektauftrag mit einem mehr oder weniger „klaren“ Ziel, eine Aufgabe zu lösen, die irgendwie den oben genannten Merkmalen entspricht. Das heißt, Unsicherheit und Risiko einer Aufgabe spielen eine Rolle, ein klares inhaltliches Ergebnis (Ziel) soll mit begrenzten Mitteln und Zeit erreicht werden, die Vernetztheit ist meist stärker, als man auf den ersten Blick annehmen würde und es ändern sich laufend die Bedingungen.

Als Projektauftraggeber erwarten Sie einen guten Projektplan, der eingehalten (Ziel und Zeit) und laufend aktualisiert wird (Mittel und Vorgehen). Als Projektmanager stellen Sie natürlich einen solchen zusammen, brechen die Ziele auf Teilziele und -aufgaben herunter, machen Ihre Hausaaufgaben durch Umfeldanalysen, definieren Nicht-Ziele, die Projektstruktur usw. Nicht zu vergessen die Rekrutierung und Gewinnung von Projektteammitgliedern. Hier wird es immer spannend, wenn es keine ausgeprägte Projektkultur gibt, wenn Teammitglieder nominiert werden, die hierarchisch über dem Projektleiter stehen und die Rollenklarheit nicht wirklich gegeben ist. Solche Fälle erklären in Katastrophen endende Projektdynamiken.

Steht der Projektplan, werden die definierten Arbeitspakete durch das Projektteam abgearbeitet und im Idealfall wird das Projekt erfolgreich abgeschlossen. On time, on budget, on scope ... machen wir es kurz: Erster!

Die Projektorganisation kann natürlich in Umfang und Komplexität erweitert werden. So sind einfache Projekte Vernetzungen von Aktivitäten, die hin zum Ziel führen. Im Multi-Projektmanagement werden mehrere abhängige Projekte verknüpft – das Ziel ist größer, der Einsatz (Geld, Zeit, Ressourcen) ebenfalls.

Aus strategischer Sicht versucht das Projektportfoliomanagement solche Projekte gezielt zu „finden“, die dem Unternehmen in Summe einen größeren Nutzen stiften. Dabei können unterschiedliche Dimensionen für eine Bewertung eingesetzt werden, seien es finanzielle, qualitative oder andere Faktoren, die Projekte in ein Portfolio einordnen helfen. Im Programmmanagement überschneiden sich die Bereiche. Es werden Ziele kategorisiert und erforderliche Projekte, um diese aus strategischer Sicht zu erreichen, definiert. Dadurch werden Programme oder Portfolios neben Ad-hoc-Projektaufträgen zum strategischen Werkzeug, Projekte zu beauftragen. In großen Unternehmen kann eine Vielzahl an Programmen und Portfolios existieren, z.B. für Business Units, strategische Geschäftsfelder und Geschäftseinheiten oder auch für einzelne Abteilungen.

Projektorientierte Unternehmen sind eine Reaktion auf neue Marktdynamiken, Kundenanforderungen, um z.B. durch die Flexibilisierung der Organisationsform darauf zu reagieren. In hierarchischen Unternehmen regelt die Aufbauorganisation die Schnittstellen zwischen Projekten und Routine-Aufgaben. In projektorientierten Organisationen existieren Projektportfolios, die durch ein Managementteam gesteuert werden. Administration und Verwaltung sind als Überbleibsel einer klassischen Aufbauorganisation wichtige Supportabteilungen der Routine-Aufgaben, auch für die einzelnen Projektportfolios bzw. -programme.

Dadurch wird natürlich einerseits das Unternehmen als Ganzes flexibler, allerdings wird in den einzelnen Projektportfolios meistens wie in einer klassischen Aufbauorganisation agiert, so gibt es den Leiter für Marketingprojekte, Entwicklungsprojekte, Organisationsprojekte usw.

Was würde aber geschehen, wenn jeden Monat ein anderer der Leiter wäre, oder es gar keinen CEO geben würde?

Scrum – Der schnelle Sprint

A pig and a chicken are walking down a road. The chicken looks at the pig and says, "Hey, why don't we open a restaurant?" The pig looks back at the chicken and says, "Good idea, what do you want to call it?" The chicken thinks about it and says, "Why don't we call it 'Ham and Eggs'?" "I don't think so," says the pig, "I'd be committed, but you'd only be involved."[26]

Dieser kleine Witz bringt uns zu einem Konzept aus der Softwareentwicklung – dem Scrum-Vorgehensmodell. Spinnt man die bisherigen Gedanken weiter, so stellt sich natürlich die Frage, was passiert, wenn es nicht gleich die passenden Zielkategorien in Projekten oder Organisationen, keine SMARTEn Projektziele, Portfolios o. Ä. gibt – herrscht dann das Chaos?

[26] Schwab (2004)

Stuart Read (2007) hat eine Fallbeschreibung der Firma Guidewire zusammengestellt, die genau diesem Gedanken folgt. Allerdings nicht nur in der Softwareentwicklung oder im Projektmanagement, sondern gleich in der ganzen Organisation – doch dazu später mehr.

Die Grundlagen von Scrum liegen im Wissensmanagement, aber auch in den Erfahrungen aus der Lean Production, mit der Toyota durch sein „Toyota Produktionssystem“ sehr erfolgreich ist. Die Vergangenheit aus der Softwareentwicklung ist unumstritten, jedoch bietet das Modell auch Vorteile für Nicht-Software-Projekte.

Scrum kennt eben Schweine mit Commitment und Hühner, die an Projekten „nur“ beteiligt sind. Der ernste Hintergrund ist, dass die erste Gruppe für die Rollen steht, die direkt am Projekt beteiligt sind – dies sind die Produktverantwortlichen, die Scrum-Master und das Team, somit all jene, die Blut und Schweiß einbringen. Während die zweite Gruppe, wie Kunden, Stakeholder und Manager bei der Umsetzung unbedingt berücksichtigt und beteiligt werden müssen. Gloger (2008) bezeichnet den Produktverantwortlichen als den Visionär, das Team als den Lieferanten, den Scrum-Master als den Change-Agent, den Kunden als Finanzier, den Anwender als Nutzer und den Manager als Bereitsteller von benötigten Mitteln.

Agile Methoden

Scrum ist ein Vorgehensmodell, das zur Gruppe der agilen Softwareentwicklungsmethoden zählt, wie z.B.

auch XP (Extreme Programming), Lean Development und Crystal.

Software-Projekte sind immer wenig planbar, auch sind deren Anforderungen nicht genau vorhersagbar, dies könnte leicht zu dem Schluss führen, dass die meisten Software-Projekte chaotisch verlaufen, nach dem Motto „Code and fix". Das stimmt auch zu einem gewissen Grad, mit agilen Methoden kann jedoch aus dem Chaos ein wertschöpfender Prozess werden. Genau hier wird die Verbindung zu unserem Thema spannend. Wie schafft man es in Projekten, egal ob es sich dabei um Softwareentwicklungen, Produkt-Launches, Business Developments o.a. handelt, sinnvoll vorzugehen, wenn das Chaos droht bzw. man sich auf einmal in einer Situation befindet, wo Planung und Prognose sinnlos sind?

Das Erbe der Ingenieure

Den klassischen Ansatz kennen wir: „Mach in jedem Fall vor dem Projektbeginn einen (großen) Plan!" Die planerische oder auch technische Methode, die von einem Ziel ausgeht und für ein Projekt einen Plan entwirft, wie dieses Ziel erreicht werden kann, beruht auf den gleichen Denkprinzipien, wie wir sie schon aus dem klassischen Managementdenken oder der kausalen Logik kennen. In diesem Projektplan bricht der Projektleiter das Ziel in Teilziele und -aufgaben herunter und überprüft, welche Abhängigkeiten zwischen diesen Aufgaben, die es schnell und günstig zu erledigen gilt, existieren. Dieses Vorgehen erlaubt es dem Projektleiter, leichter einen Zeitplan und ein Budget zu prognostizieren. Dabei wird oft Design von der Leistungserstellung getrennt. Steht das Design bzw. Ziel fest, so kann man daran arbeiten, wie es erreicht wird. Dies vereinfacht quasi die Vorhersagbarkeit eines Projektverlaufs und erlaubt mitunter den Einsatz von weniger Ressourcen oder auch von weniger qualifizierten Teammitgliedern.

Projekt-Profis wissen, dass die harte Arbeitsrealität nicht so aussieht, wie es uns das durch Ziele und Pläne getriebene Vorgehen vorgaukeln will.

Ein wichtiger Punkt ist, dass sich meistens nicht alle Projektanforderungen planen oder vorhersagen lassen, gerade, wenn es sich um ein dynamisches Entwicklungsprojekt handelt. Die Anforderungen und Bedingungen verändern sich mitunter rasch und dauernd. So stehen z. B. nicht immer die wahren Kosten, die neue Anforderungen und Situationen verursachen, zur Verfügung. Selbst die Vertriebsabteilung kann nicht wirklich zuverlässig helfen, wenn es darum geht, ob die zusätzlich gewünschte Produkteigenschaft x 100 oder 15.000 Euro bringt – auch eine Illusion der Controller. Wie können Sie entscheiden, ob Sie bereit sind, für x extra zu zahlen?

Wird dadurch Planbarkeit und Vorhersage unmöglich? Es gibt natürlich Projekte, wo Prognose und Planung gut möglich sind. Aber das ist auch die größte Gefahr, wenn man übersieht, dass man gerade an einer Aufgabenstellung arbeitet, die eben nicht planbar ist. So ist der fünfte Bau eines Containerschiffes sehr gut planbar, doch für wie viele Projekte im Geschäftsleben gilt das?

Der Psychologe würde hier einen Bias oder Fehler in der menschlichen Wahrnehmung und Entscheidung feststellen. Es ist einfach zu verlockend, an die Planbarkeit und Prognostizierbarkeit eines jeden Projektes zu glauben, dadurch kommt es manchmal zu fatalen Verzerrungen und Fehlentscheidungen.

Die klassische Annahme ist natürlich auch sehr bequem, wenn man aus Controlling-Sicht einen Blick auf Projekte wirft. Es ist klar, die Projektqualität wird meist daran gemessen, wie gut der Projektplan eingehalten wurde und ob die Ziele erreicht wurden.

Wir haben nun schon von der klassischen und stark planerischen Projektmethode gesprochen. Betrachtet man, welche Rolle Menschen in diesem Denken spielen, so werden sie als Ressourcen betrachtet, die in Projekt-Tasks zur Zielerreichung eingesetzt werden können. Spinnt man den Gedanken weiter, so ist man schnell bei Frederick Winslow Taylors **wissenschaftlicher Betriebsführung** (Taylorismus oder Scientific Management) angelangt. Historisch gesehen war sein Ansatz natürlich für die Fabriks- und Fließbandproduktion nützlich. Einfach ausgedrückt, meinte er, dass die Arbeiter, die die Arbeit machen, nicht unbedingt diejenigen sind, die auch wissen, wie man diese Arbeit am besten erledigen kann. Das ist eine Erklärung für die Notwendigkeit von Managern in Fabriken. Ein anderer Schluss ist, dass es nötig ist, die Planung von der Ausführung zu trennen. Die Planer entscheiden dabei, wie die Dinge gemacht werden sollen.

Der Taylorismus hat noch eine andere Auswirkung. Schließlich braucht das Management, das vorgibt, wie gearbeitet werden soll, irgendwelche Kennzahlen, um zu messen, wie effektiv die Arbeiter sind. So hatte die wissenschaftliche Betriebsführung einen starken Einfluss auf die Entwicklung objektivierter Messmethoden für den Output von Arbeit – um Peter Drucker zu zitieren: „Was du nicht messen kannst, kannst du nicht lenken." Das erklärt auch den Sinn eines solchen Vorgehens.

Vom Chaos zu Menschen, Profis und Verantwortung

Agile Methoden sind eine Reaktion auf die klassischen Methoden und deren praktische Probleme, wie hoher bürokratischer Aufwand, Schwierigkeiten bei der Planung, komplexe Projekte und Situationen. Agile Methoden fokussieren mehr das Lernen als die Prognose und orientieren sich mehr am Menschen als an Prozessen.

Ein Fehler bei „klassischen" Projekten ist sicherlich, an der Planbarkeit und Vorhersagbarkeit festzuhalten, selbst wenn das nicht mehr sinnvoll ist.

Nur durch vertrauenswürdige Navigationspunkte kann man sich in Situationen der Unsicherheit zurechtfinden. In Projekten sind solche Punkte Feedback, welches man in regelmäßigen Abständen einholen sollte. Dies ermöglicht ein iteratives Vorgehen. Dabei wird dasselbe Vorgehen mehrmals in kleinen Schritten wiederholt. Durch das kontinuierliche Wiederholen in kleinen Schritten nähert man sich einem von (allen) Stakeholdern akzeptierten (Zwischen-)ergebnis und erhält dabei durch Feedback (von Kunden, Projektauftraggebern, Teammitgliedern) rasch und ummittelbar Rückmeldung, ob der eingeschlagene Weg tatsächlich passt. Im nächsten Schritt kommt es dann zu einer Anpassung der Vorgehensweise und die Schritte werden wiederholt, bis ein zufriedenstellendes Ergebnis vorliegt. Die iterativen Schritte erlauben ein rasches Handeln mit kontrolliertem Risiko, wie es auch aus der Effectuation mit dem Prinzip des leistbaren Verlustes für den Unternehmer möglich wird. Der Schlüssel ist also, rasch Pilotanwendungen bzw. Prototypen zu entwickeln und mit diesen in weiteren Schritten weiterzuarbeiten. Bei der Entwicklung des Palm Taschencomputers schnitzte Jeff Hawkins einen Prototypen aus Holz, um die ideale Passform eines mobilen Kalenders sowohl für die Hand als auch die Hemdtasche zu finden. Nach jeder iterativen Prototyp-Phase kann somit Feedback zwischengeschaltet werden, sei dies durch Projektmeetings oder auch durch Nutzerrückmeldungen.

Gleiches gilt für den Projektplan. Genauso wie der Effectuator eben nicht nur einen Business Plan schreibt, sondern möglicherweise Dutzende, so wird bei der iterativen Vorgehensweise auch der Projektplan laufend mit- und weiterentwickelt. Es ändern sich einfach zu viele Variablen, wie der Kontext, die Anforderungen usw. Diese laufenden Änderungen haben natürlich auch einen Einfluss auf die Kennzahlen. Doch die reine Messung, wie weit der (ursprüngliche) Plan eingehalten und erfüllt wird, macht keinen Sinn (wie im reinen Meilenstein-Controlling). Risikokontrolle geschieht durch das iterative Vorgehen, das dem Prinzip des leistbaren Verlustes (Prinzip # 2) vergleichbar ist. Diese Art der Risikokontrolle ist ein Schlüsselvorteil dieser Methode. Wichtig dabei: Die einzelnen iterativen Schritte kurz zu halten und regelmäßige Reviews durchzuführen.

Über längere Zeit werden sich jedoch nicht nur die Projektpläne verändern, sondern auch die Projektprozesse. Ein Projekt beginnt mit einem bestimmten Vorgehen, um Aufgaben zu erfüllen, das Vorgehen aber verändert sich durch die iterativen Schritte und auch durch das Lernen selbst. So können Projektabläufe nach einem Jahr ganz anders aussehen als zu Beginn. Dadurch entstehen selbstregulierende Prozesse, die auch regelmäßig überprüft werden müssen. Am Ende jedes Iterationsschrittes gibt es ein kurzes Meeting, wo das Team sich darüber austauscht, was gut und was weniger gut gelaufen ist, was gelernt wurde und was man in letzter Konsequenz bei der nächsten Iteration besser machen könnte. Dies führt automatisch zu Ideen, wie man den Projektablauf im nächsten Schritt verbessern kann.

Menschen sind ein weiterer Schlüsselfaktor in agilen Methoden. Bei traditionellen Ansätzen werden die Prozesse so gestaltet, dass Menschen leicht ersetzbar sind. Hier werden jedoch Prozesse so gestaltet, dass sie Menschen und Teams unterstützen. Denn innerhalb jedes komplexeren Produktions- oder Dienstleistungsvorganges sind eben genau die Menschen nicht ersetzbar! Menschen sind bei agilen Methoden ein Schlüsselfaktor und sie werden dadurch zu Profis mit eigener Verantwortung.

Eine der ersten Einsichten, die man erhält, wenn man gute Mitarbeiter gewinnen und halten möchte, ist anzuerkennen, dass es sich bei ihnen um selbständige, kompetente Experten handelt. Unter diesen Umständen ist Taylors Annahme, Management und Ausführung müssten getrennt sein, nicht haltbar. Im Gegenteil, Experten und Manager haben einen gleichwertigen Platz im Projekt-Leadership. Management erkennt die Rolle der Profis an. Auch ist es wichtig, einen engen und guten Kontakt zu den Experten, Business Partnern und Stakeholdern außerhalb des Projektteams zu halten. Dabei genügt es nicht nur gelegentlich zu kommunizieren, sondern es muss in einen kontinuierlichen Austausch getreten werden. Das Kommunizieren und Arbeiten unter Profis wird dadurch gefördert. Eine ist die Projektexpertin, die andere z.B. als Kundin Expertin in der Vermarktung oder Anwendung eines Produktes.

Schließlich gibt es einen entscheidenden Unterschied beim Projektcontrolling. Unter agilen Bedingungen muss man sich entscheiden, ob man ein Controlling-orientiertes Management etablieren möchte oder eines, das auf Delegation beruht, d.h. in dem auch die Umsetzer entscheiden, wie die Arbeit gemacht wird. Ersterer Ansatz macht beim Einsatz von agilen Methoden keinen Sinn. Vielmehr stehen Kunden und der Mehrwert bzw. die Wertschöpfung aus den Ergebnissen im Vordergrund, was durch Delegation und Kundennähe besser erreicht werden kann. Die Frage lautet somit: „Bekommt der Projektkunde ein Ergebnis, das für ihn einen größeren Wert hat, als das, was es ihn gekostet hat?“ Klassische Projekte gehen dabei nach einem Plan vor, während gute, agile Projekte etwas anderes bauen und im Idealfall ein besseres Ergebnis liefern, als ursprünglich angenommen.

Erfolgreich sprinten lernen

Das Fallbeispiel von Prof. Read beschreibt, wie die Guidewire Software Inc. mit Hilfe von Scrum erfolgreich Projekte umsetzt. Das besondere an Guidewire ist jedoch, dass agiles Management Teil der Unternehmenskultur geworden ist, so besteht das gesamte Unternehmen aus Scrum-Teams im Marketing, bei den Finanzen, im Verkauf usw., selbst das Top-Management ist Teil davon. Ganz nach Scrum-Methode werden Produkte mit Kunden entwickelt, die Teams legen die Prioritäten und Prozesse fest. Der breite Einsatz agiler Methoden bei Guidewire erlaubt eine größtmögliche Flexibilität in allen Bereichen des Unternehmens, nicht nur in der Produktentwicklung. Guidewire ist somit ein Unternehmen mit einer agilen Projektmanagementorganisation.

Guidewire stellt Software für die Sach- und Unfall-Sparten von Versicherungen her und ist dabei mittlerweile so gut, dass die Lösungen weltweit nachgefragt werden. Ein Grund, warum man sich für Scrum von Anfang an entschieden hat, ist, dass die Gründer schnell lernen mussten, für die Versicherungsbranche fertige Lösungen zu entwickeln.

In einem Scrum-Projekt werden typische Rollen und Abläufe definiert und eingehalten. Wobei natürlich die spezifischen Abläufe eines Projektes im Sinne des kontinuierlichen Lernens geändert werden können.

Der Produktverantwortliche (Product Owner) ist Stellvertreter des Kunden im Projekt und stellt dadurch sicher, dass an den richtigen Dingen gearbeitet wird. Er ist für die Produktvision, die Leistungsmerkmale des Produktes oder auch der Dienstleistung und die betriebswirtschaftliche Seite (z.B. ROI) verantwortlich. Die Rolle kann vom Kunden selbst wahrgenommen werden, aber z.B. auch durch einen Produktmanager.

Der **Scrum-Master** ist der Zeremonienmeister. Er unterstützt das Team bei der Projektumsetzung, beruft Meetings ein, schaut darauf, dass die Abläufe eingehalten werden. Er ist nicht der Leiter des Teams, da dieses sich ja selbst organisiert, nimmt aber eine Schnittstellen- und Pufferfunktion zwischen störenden Einflüssen und dem Team ein. Er versucht, Hindernisse zu beseitigen, damit das Team die Sprintziele erreichen kann. Der Scrum-Master ist mehr ein Moderator und Vermittler, aber auch Repräsentant des Managements im Team.

Das eigentliche **Scrum-Team** ist eine kleine, sich selbst organisierende Gruppe von fünf bis neun Personen. Dadurch legt es auch fest, wann welche Arbeitsschritte und Ergebnisse geliefert werden können und was dazu notwendig ist. Das Team ist funktionsübergreifend zusammengesetzt, so können etwa bei einem Projekt die Mitglieder aus dem Marketing, der Organisationsentwicklung, dem Verkauf und der Produktentwicklung kommen. Das Team ist letztendlich für die Projektumsetzung, sei dies die Einführung einer neuen Dienstleistung, die Weiterentwicklung eines Produktes o. Ä. verantwortlich. Bei größeren Meetings können Scrum-Projektteams geformt werden, die sich wiederum aus kleineren Scrum-Teams zusammensetzen.

Wir haben schon das Vorgehen in kleinen, sich wiederholenden Schritten bei den agilen Methoden besprochen, das ist auch der Kern von Scrum-Iteration. Ein Vorteil dabei ist, dass Fehler zwar schnell gemacht werden können, sie dem Projekt aber nicht den Todesstoß versetzen, da sie lokal und überschaubar bleiben. Anders im klassischen Projektmanagement, wo, wenn ein Fehler bei einem größeren Meilenstein passiert, das schnell das ganze Projekt in Frage stellen kann – trotz allen Risikomanagements & Co. Schnelleres Vorgehen in kleineren Schritten gibt auch mehr Raum für Experimente. Nimmt man das zusammen, so können solche Teams auch schneller lernen, sei es am eigentlichen Projektgegenstand oder auch an den Abläufen selbst, was wiederum zu einer laufenden Verbesserung führt und das Commitment hoch hält. Wichtig ist auch, dass Risiken reduziert werden, da sie klein gehalten werden und überlebt werden können (Prinzip # 2: leistbarer Verlust).

Gewünschte Nebenwirkungen solcher Teams sind automatisch auch kulturelle Veränderungen – von einem statischen Bild von Projekten und Organisationen hin zu einem lebendigen, dynamischen Bild. Auch bekommen die Teams mehr Kontrolle über den Projektverlauf und sie werden weniger bis gar nicht von Prognosen, Vorhersagen abhängig.

Der eigentliche Ablauf beginnt auch bei Scrum mit einer Idee, das kann eine interne sein oder ein Kundenwunsch. Die Frage ist jedoch, was zwischen der ersten Idee, der ersten Bestandsaufnahme und dem Beschreiben von Leistungsmerkmalen passiert.

Grundsätzlich setzen sich Scrum-Projekte aus **Sprints** zusammen. Nehmen wir an, sie dauern jeweils 30 Tage, dann sind das die Zyklen, in denen die Projektaufgaben abgearbeitet werden. Die Aufgaben werden im **„Product Backlog“** niedergeschrieben – eine Art Projekt-Logbuch. In diesem Dokument finden sich die wichtigsten Anforderungen. Das Team entscheidet, welche Aufgaben im nächsten Sprint angegangen werden sollen.

Der Start eines Sprints ist das **„Sprint Planning Meeting“**, wo Prioritäten und **Sprint-Goals** (Ziele) festgelegt werden. Täglich werden in 15-Minuten-Meetings, den

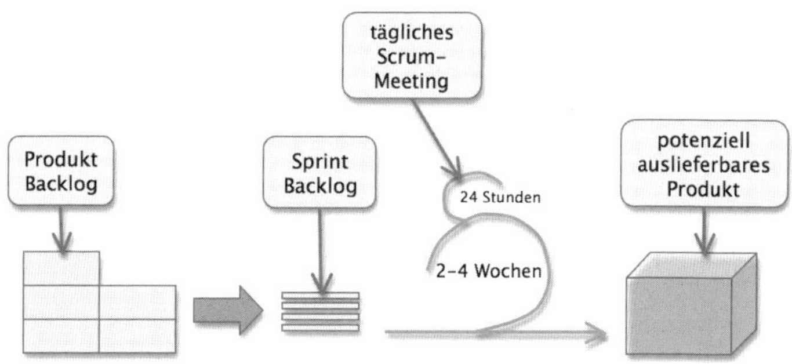

Der Scrum-Ablauf

Quelle: © mountaingoatsoftware.com (2005)

„Daily Scrum Meetings“ (am besten gleich in der Früh), die Aufgaben für den Tag festgelegt. In diesen Kurzmeetings bilden die Teilnehmer schon die beiden beschriebenen Gruppen der Scrum-Schweine und -Hühner. Erstere sind diejenigen, die zu diesen Meetings aktiv beitragen und Fragen stellen dürfen, die Zweiteren dürfen nur zuhören. Am besten werden die Meetings im Stehen durchgeführt und auch immer am selben Ort zur gleichen Zeit.

Relevant sind dabei drei Fragen:

1. Was habe ich seit dem letzten „Daily Scrum Meeting“ erledigt?
2. Was hat mich dabei behindert?
3. Was habe ich mir bis zum nächsten „Daily Scrum Meeting“ vorgenommen?

Dadurch erhalten alle Teammitglieder, Produktverantwortlichen und der Scrum-Master einen raschen Überblick über den Projektstatus und können aus ihren Rollen heraus reagieren und das Team unterstützen. Die Teammitglieder sind somit nicht nur ihren Kunden gegenüber verantwortlich, sondern auch sich selbst. Der Daily Scrum dient somit nicht nur der Koordination, sondern bietet auch die Möglichkeit für Feedback.

Am Ende jedes Sprints bzw. Projektzyklus wird ein informelles und rückblickendes **„Sprint Review Meeting“** einberufen. Neben dem Team, dem Produktverantwortlichen, dem Scrum-Master können dazu auch Kunden, Stakeholder, Manager usw. eingeladen werden. Der Sinn des Review Meetings ist die erledigte Arbeit während des jeweiligen Sprints zu präsentieren und auch den erzielten Mehrwert der Projektumsetzung bzw. des Produktes zu bewerten, Probleme zu besprechen sowie die nächsten Schritte festzulegen und Entscheidungen zu treffen. Dabei ist hauptsächlich das Sprint Backlog von Relevanz. Anschließend beginnt der nächste Sprint, solange, bis es zu einem Projektergebnis, einem fertigen Produkt oder einer neuen Dienstleistung kommt.

Kehren wir nun zu der eigentlichen, auslösenden Idee für ein Scrum-Projekt zurück. Was passiert zwischen dieser Idee und dem ersten Scrum-Meeting? Bevor es zu einem ersten „Product Backlog“ kommt, in dem sich die Leistungsbeschreibung findet, ist eine **Projekt-/Produktvision** vonnöten. Diese wird, ganz im Sinne von Scrum, durch einen oder mehrere **Vision-Sprints** durch den Produktverantwortlichen erarbeitet, und zwar entweder alleine oder mit potenziellen Scrum-Schweinen und -Hühnern.

Die Schlüsselelemente sind neben der Kommunikation in den Teams und in der Organisation vor allem auch die hohe Transparenz von Prioritäten und Performance, und dass alle Aktivitäten darauf fokussiert werden, Wert für den Kunden und Nutzer zu schaffen sowie die rasche Umsetzung und schnelles Lernen sicherzustellen.

In Anlehnung an das Manifest der agilen Software-Entwicklung (Gloger, 2008, übersetzt von agilemanifesto.org) kann man für jedes agile Projekt folgende Werte verallgemeinern, so dass …

- **Individuen und Interaktionen** vor Prozessen und Werkzeugen stehen.
- **funktionierende Produkte/Dienstleistungen** über umfangreicher Dokumentation stehen.
- **die Zusammenarbeit mit dem Kunden** über der Verhandlung von Verträgen steht.
- **das Reagieren auf Veränderungen** über dem Befolgen eines Planes steht.

Und noch ein Zusatz: „Obwohl die Dinge auf der rechten Seite ihren Wert haben, messen wir den Dingen auf der linken Seite größeren Wert bei."

Scrum bzw. agile Methoden haben Ähnlichkeiten mit der Effectuation erfahrener Entrepreneure bzw. setzen deren Elemente um. Scrum versucht, klare Mittel-Ziel-Relationen herzustellen bzw. Zielambivalenzen in kleinen Schritten aufzulösen. Ein Beispiel ist die Vision, die schließlich die Vorstellung eines bestimmten Produktes liefern soll, die Kundenbedürfnisse verstanden hat und natürlich grob festlegt, wie man diese auch befriedigen kann. Genau an diesem Punkt würde der klassische Projektmanager mit Marktforschung, Produkt- und Marketingplanung, Marktanalysen etc. beginnen. Stellen Sie sich nun vor, welche Projekte möglich wären, wenn Sie die Logik der unternehmerischen Expertise, der Effectuation, einsetzten und mit einer agilen Vorgehensweise auf Projekt- oder Abteilungsebene kombinierten!

Denken Sie nicht, es ist an der Zeit, ganz rasch Ihr erstes Partnerschaftsprojekt mit Scrum und Effectuation zu starten!?

Schlüsselfragen

- Wie kann ich agile Methoden in meinen Projekten einsetzen und Vertrauen zu diesen schaffen?
- Welche Auswirkung hätte es auf meine Abteilung/ mein Unternehmen, wenn ich auch Nicht-Projekttätigkeiten nach agilen Methoden organisiere?
- Was würde passieren, wenn ich bei meinen (Scrum-) Projekten die fünf Prinzipien der Effectuation anwende?

Neue Arbeits- & Organisationswelten

»Lasst tausend Blumen blühen.«
Guy Kawasaki, frei nach Mao Zedong, chinesischer Politiker

Viele der vorgestellten Gedanken sind mittlerweile durch die Forschung sehr gut abgesichert, vieles wird in der Praxis beobachtet und vor allem auch angewandt. Auch hat sich mittlerweile eine stark vernetzte Kommunikation zwischen Wissenschaft und Praxis etabliert. So durfte ich im Sommer 2009 am Max-Planck-Institut für Ökonomik in Jena an einer Entrepreneurship-Forschungswoche mit international hochkarätigen Wissenschaftlern und PhD-Studenten teilnehmen, u.a. war dies eine ausgezeichnete Gelegenheit, Saras D. Sarasvathy persönlich kennenzulernen. Eine sehr energiegeladene Forscherin, die vor allem selbst eine fünffache Unternehmerin war, bevor sie ihre akademische Karriere begann.

Der wissenschaftliche Diskurs wird über Forschungsarbeiten und -artikel ausgetragen, oder eben auch bei solchen Treffen. Aktuelle Arbeiten vernetzen sich immer interdisziplinärer, ganz im Sinne Sarasvathys. Das bedeutet eine laufende Überprüfung der Annahmen, Anwendungen in der Praxis, aber vor allem die Erweiterung der Kerntheorie auf andere Disziplinen und um neue Erkenntnisse.

Wichtig ist festzuhalten, dass Effectuation keine Management-Mode und auch nicht neu ist. Die Forschungsarbeiten haben Vorhandenes, also die Art, wie erfahrene Entrepreneure denken und handeln, beschreib- und diskutierbar gemacht – das ist das große Verdienst der Forscher um Saras Sarasvathy.

Effectuation ist eine praktische Theorie, die das Zweck-Mittel- (zielorientierte Handeln) oder kausal-logische Denken um das Mittel-Zweck- (mittelorientiertes Handeln) oder effectual-logische Denken erweitert hat und beides anwendbar macht.

Im ersten Abschnitt haben wir uns schon breiter mit der engen Verknüpfung von Entrepreneurship und Innovation beschäftigt. So ist letzten Endes erfolgreich umgesetztes (Corporate) Entrepreneurship mit Innovation in jeder Form verbunden. Entrepreneurship ist somit ein Phänomen, durch das das Neue in die Welt kommt – in diesem Sinne schaffen Unternehmer Zukunft!

Innovation drückt sich aber nicht nur in Form neuer Märkte, Produkte und Dienstleistungen aus, sondern auch in Form neuer Technologien, Strategien, Prozesse und Methoden.

Innovation hört auch nicht bei Ergebnissen auf, sondern setzt beim Denken und Handeln immer neu an. Offenheit und Kreativität sind hier klare Voraussetzungen.

Birkinshaw (2008) definiert dazu in der „Academy of Management Review“ wunderbar das Feld der **Management Innovation** und lenkt die Aufmerksamkeit auf einen Bereich, der sowohl für Entrepreneure als auch Manager von Interesse ist.

Dieser Bereich der Innovation hat natürlich einen wesentlichen Einfluss auf unsere Arbeits- und Organisationswelt. So definieren die Autoren Management Innovation als das Schaffen und Implementieren von Management Praktiken, Prozessen, Strukturen oder Methoden, welche neu im Vergleich zu den State-of-the-Art-Vorgehen sind, und die weitere Organisationsentwicklung positiv beeinflussen. Dies kann sich auf die Finanzergebnisse und auch auf die Kunden- und Mitarbeiterzufriedenheit auswirken. Abstrakte Beispiele sind das Scientific Management (Taylor), Total Quality Management, Toyota Produktionssystem, die Balanced Scorecard, Work-Life-Balance, lernende Organisation usw. Management Innovation bringt somit Neues in bestehende Organisationen, aber durchaus auch in Startups. Sie kann als spezielle Form der Organisationsveränderung gesehen werden. Dies kann durch ein neues Managementvorgehen geschehen oder auch nur neu für eine bestimmte Organisation sein. Interessant ist natürlich auch ihre Verbreitung über verschiedene Branchen und Kulturgrenzen.

Das Modell zeigt die Bedeutung von internen und externen Veränderungsakteuren, die sich in einem organisatorischen und einem durch die Umwelt bestimmten Kontext bewegen. Bei dieser Betrachtungsweise experimentieren die Mitarbeiter mit neuen Vorgehensweisen, die sich aus der täglichen Arbeit in der „Hierarchie" oder auch durch erworbenes Marktwissen ergeben. Interessant wird es, wenn man sich die externen Veränderungsakteure ansieht, die als **Ideen-Entrepreneure** bezeichnet werden. Gemeint sind damit unabhängige Berater, die ein Interesse haben, neue Management-Praktiken zu entwickeln, bekannt zu machen und auch deren Wirksamkeit zu beweisen. Die Wichtigkeit beider Positionen bringt eine Redensart zum Ausdruck: „Der Prophet im eigenen Land ist nichts wert." In vielen hierarchischen Organisationen geben erst die externen Propheten den Management Innovationen eine Legitimation. Der Austausch zwischen den internen und externen Teilnehmern an diesem Spiel ist also notwendig.

Der Unternehmensberater und Strategieexperte Gary Hamel (2009) bringt es noch deutlicher auf den Punkt: Seit dem späten 19. Jahrhundert gab es keine bahnbrechenden Neuerungen mehr im Management. Die Ursprünge von Management Innovationen, wie Projekt Management, ROI-Analyse, Brand Management, Prozessmanagement etc., sind schon über 100 Jahre alt. Namen, die damit verbunden sind, sind der uns schon bekannte Frederick Taylor und Henry Ford, um nur zwei zu nennen. Hamels Aussage ist, dass „modernes" Management mittlerweile an seine Grenzen stößt – es kann nicht mehr radikal verbessert oder optimiert werden. Ein komplettes Umdenken sei notwendig. Hamel hat dazu mit 35 Managementpraktikern, Entrepreneuren, Beratern, ... eine Agenda für Management Innovation zusammengestellt. Diese umfasst 25 Herausforderungen an das Management, die im Februar 2009 in der Harvard Business Review veröffentlicht wurden. Solange Management Innovatoren diese Themen nicht angehen, seien Firmen unfähig, mit den zukünftigen Herausforderungen Schritt zu halten. Management Innovationen führen damit auch zu möglichen Wettbewerbsvorteilen, die sich an Menschen anpassen, wie z.B. die eigenen Mitarbeiter und die Organisation innovativer und auch anpassungsfähiger zu machen. Organisationen können dadurch auch wieder menschlicher werden.

Jede Organisation kann nun für sich entscheiden, wie sie im Management-Bereich (Methoden, Instrumente und Werkzeuge) innovativ sein möchte – eine gute Wahl wäre es, pro-aktiv vorzugehen. Die Motivation der Beteiligten führt im Idealfall zu einer „Erfindung“ der Interaktion von internen und externen Veränderungsakteuren. Die Implementierung erfolgt etwa durch mehrere kleine Schritte oder auch „Fehler-und-Irrtum“-Versuche, in Pilotprojekten usw. Dies macht das neue Vorgehen auch erst theoretisch überprüf- und beschreibbar, und kann so als allgemeine Management Innovation oder als spezifische Managementpraktik angewendet werden. Aber wie?

Eine Vorgehensweise, die bestehende Organisationen wählen können, ist verstärkt externe Spieler zu integrieren wie Experten, Berater, Kunden und Partner (Prinzip # 3: Strategische Partnerschaften und Allianzen). Bestehende Organisationen können dies z.B. durch ein „Sounding Board" machen, Startups durch einen Beirat (Advisory Board).

„Sounding Boards" sind sozusagen Resonanzböden für Veränderungsprozesse und für komplexe Projekte sehr hilfreich, indem deren Mitglieder nicht nur ein kritisches Feedback liefern, sondern die Organisation allein schon durch ihre Interaktion mit den internen Akteuren verändern. **Ein Beirat (Advisory Board)** ist eines der wertvollsten und wichtigsten Instrumente bei Unternehmensgründungen. Ein Beirat hat keine rechtliche Funktion, ist unabhängig und dient dem Unternehmer als lose verbundenes Beratungsgremium. Daher ist die Zusammensetzung wichtig und sollte verschiedene Bereiche und Erfahrungen abdecken, so können eine Steuerberaterin, ein Rechtsanwalt, eine andere Unternehmerin, ein Universitätsprofessor, eine Technikerin usw. als Mitglieder gewonnen werden. Das Gremium hilft dem Unternehmer je nach Bedarf bei Managemententscheidungen oder auch bei neuen Vorgehensweisen. Dies kann letztlich zu einer wirklichen oder zu einer nur für die Organisation noch nicht bekannten Management Innovation führen. Um den Nutzen eines Beirates zu maximieren ist es erforderlich, diesen auch entsprechend zu organisieren. Das beinhaltet, dass die Mitarbeit in irgendeiner Form auch honoriert wird. Hier ist Ihre volle Kreativität gefragt. Die Anerkennung kann von einem Entgelt pro Treffen bis zu Naturalleistungen reichen – manchmal ist es ganz einfach. Die persönlichen oder auch virtuellen Treffen (z.B. Skype-Konferenzen) müssen unbedingt entsprechend geplant werden. So ist es sinnvoll, die Mitglieder rechtzeitig mit den entsprechenden Informationen und Problemlagen zu versorgen, schließlich will man sich bei den Treffen keine Geschichten erzählen, sondern die Expertise teilen. Man merkt, die Zusammenstellung sowohl eines „Sounding Boards" als auch eines Beirates sollte mit Bedacht geschehen. Sehen Sie es so, als würden Sie einen neuen Mitarbeiter für einen bestimmten Job suchen, und reden Sie mit verschiedenen Kandidaten.

Die amerikanische Pharmafirma Pfizer Inc.[27] hat für sich eine andere Art der Management Innovation gestartet. Bereits 2008 wurde PfizerWorks vorgestellt. Derzeit können 4.000 Mitarbeiter das PfizerWorks Programm nutzen. Die Management Innovation dahinter ist eine neue Art des Outsourcings für Firmen. So werden keine Jobs, sondern Aufgaben outgesourct. Ausgangspunkt war eine Einsparungswelle, bei der 8.000 Mitarbeiter gehen mussten. Der Rest wurde „gefragt", mehr zu arbeiten. Man beobachtete, dass vor allem in gehobenen Positionen laufend Excelkalkulationen und PowerPoint-Präsentationen erstellt wurden, was viel Zeit verschlang.

---

[27] Business Week Artikel von Jena McGregor (12.3.2009), www.businessweek.com, Abfragedatum 12.10.2009.

Die Frage war nun, wie man bei diesen zeitintensiven Aufgaben Ressourcen sparen konnte, damit sich Manager und Mitarbeiter auf hochwertigere Arbeiten und Entscheidungen konzentrieren könnten. Die Lösung: Man lagerte das Erstellen von Kalkulationen, Präsentationen, Recherchen usw. nach Indien aus. Dieses Aufgabenoutsourcing wurde durch moderne Technologien unterstützt und die ersten Erfahrungen waren sehr positiv. Der nächste Schritt ist nun, eine Lösung für solche Aufgaben zu finden, die innerhalb derselben Zeitzone ausgelagert und gelöst werden sollen. Dafür wird nun testweise auf lokale Hilfe zurückgegriffen, was bedeutet, dass auch regional Arbeit geschaffen wird. Jordan Cohan, Head of PfizerWorks, schätzt, dass durch das Programm bereits im ersten Jahr an die 66.500 Arbeitsstunden für hochwertigere Aufgaben frei gemacht werden konnten.

Von der Mitgestaltung zur Massenbewegung

Neue, wertschaffende Arbeits- und Organisationsweisen ergeben sich erst dann, wenn man ihnen eine gewisse Wichtigkeit gibt, sie ausprobiert und sich committed. Der Impuls für die Dringlichkeit einer Management Innovationen kann extern oder intern gegeben werden, z.B. indem die Unternehmensleistung sinkt, Ziele nicht erreicht werden (vielleicht auch, weil sie die falschen sind) oder es zu einem Eigentümerwechsel kommt und ab nun andere Prioritäten gelten.

In einem kleinen Startup-Unternehmen ist klar, es gibt den oder die Gründer und eine Entrepreneurship-

Kultur – jeder arbeitet mit und „der Letzte dreht das Licht ab“. In einem großen Unternehmen gibt es gut etablierte Hierarchien und Verhaltensweisen, die für Innovation, egal welcher Art, nicht unbedingt der beste Nährboden sind. Gerade in Krisenzeiten oder in ungewissen Situationen kann das natürlich fatal sein.

Marc Görtz, ehemaliger Manager bei dem Medienunternehmen Ringier, meint dazu: „Man lernt gut mit der Trägheit eines großen Konzerns zu leben. Je weiter man aufsteigt, desto mehr beschäftigt man sich mit Prozessen und Strukturen. Das ist spannend, aber bisweilen ermüdend und nicht gerade schöpferisch“, und: „Innovationskraft und Mut entwickeln sich bei Konzernen gegensätzlich zu ihrer Größe. Neue, auch kleine Projekte brauchen länger, bis sie lanciert werden, Flops hält man länger am Leben.“[28]

Auf den Punkt gebracht: Junge Unternehmen wollen groß und mächtig werden, etablierte Unternehmen wollen wieder unternehmerisch werden.

Wir haben schon einige Schlüsselelemente angeführt: Entrepreneurship und Intrapreneurship, Kreativität nicht verhindern, agile Methoden verwenden, mit Effectuation denken und handeln – aber schließlich gilt es auch, Management-Praktiken und Abläufe zu überdenken, die aus hierarchischen, militärischen und industriellen Erkenntnissen entstanden sind, und in einer neuen

---

[28] http://startwerk.ch/2009/10/13/marc-goertz-aus-dem-konzern-ins-startup/, Abfragedatum 14.10.2009.

Arbeitswelt Potenziale nicht nutzen können, geschweige denn, dass sie ihnen dabei helfen, sich zu entfalten.

Dem Kooperativ gehört die Zukunft!

John Forbes Nash, der Mathematiker, weiß es, exzellente Netzwerker wissen es und die erfahrenen Entrepreneure, die Effectuatoren, wissen es: Zusammenarbeit, Kooperation, aber auch vor allem Kommunikation sind die Schlüssel zu einer Welt, in der Neues geschaffen werden soll. Wer Wissen gewinnen, teilen und vermitteln kann, ist auf der Gewinnerseite der schöpferischen Innovatoren und profitiert gleich selbst davon. Ein Beispiel, das Teilbereiche abdeckt, ist die Open Source Software-Bewegung, etwa die Entwicklung von Linux, Firefox usw. Diese Produkte sind Ergebnisse intensiver Kooperationen, wie wir sie auch in immer mehr Startups sehen oder z.B. bei Wikipedia. Während selbst Microsoft langsam Open-Source-Initiativen akzeptiert und sogar für sich nutzt, können auch Organisationen und ihre Manager davon lernen.

Interessant wird es, wenn wir uns einige der Methoden ansehen, mit denen heute immer mehr Organisationen versuchen, neue Produkte und Dienstleistungen zu kreieren oder Arbeitsabläufe schneller und besser zu bewältigen. Die Frage ist, ob Sie bereit sind, ein Collaboration-Guerilla zu werden. Doch Vorsicht, Sie verändern damit vielleicht Hierarchien und andere Zustände!

Im Bereich der Co-Creation und des Crowd-Sourcing sind in den letzten Jahren viele Beispiele (Wikipedia,

Spread-Shirt, SETI@home, iTunes ...) dafür geschaffen worden, wie man mit Hilfe von außen zu Neuem kommt. **Co-Creation** meint dabei, dass eine Dienstleistung oder ein Produkt gemeinsam mit Stakeholdern entwickelt wird. Dabei werden alle miteingebunden, intern und extern, die von den Ergebnissen profitieren. Die zugrunde liegende Beobachtung ist, dass die Einbeziehung von Stakeholdern (z.B. Kunden) eine bessere Wertschöpfung nach sich zieht, als wenn man im stillen Kämmerlein zu entwickeln versucht. Das gemeinsame Design ermöglicht nicht nur neue Einsichten, sondern auch eine neue Form der Partnerschaft. Stellen Sie sich ein Theater mit 15 Schauspielern und einem großem Publikum vor. Einzig, es gibt kein Textbuch, und das Stück hat schon begonnen, nur einige Schlüsselereignisse sind klar. Was wer zu wem sagt und was auf der Bühne passiert, wird mehr oder weniger dem Improvisationstalent der Darsteller überlassen. Gutes Improvisationstheater reagiert auf das Publikum und bindet es sogar ein. Wenn die Darsteller die Produktentwickler sind, so ist das Publikum einer der Schlüsselstakeholder – der Kunde. Das gemeinsame Interesse besteht darin, einen erfolgreichen, abwechslungsreichen und spannenden Theaterabend zu verbringen, der gute Unterhaltung bietet. Im Laufe des Abends entwickelt sich das Stück von Schlüsselereignis zu Schlüsselereignis laufend weiter. Die Interaktion der Schauspieler, die Reaktion auf unerwartete Einfälle und die Einbindung des Publikums machen den Abend unvergesslich. Denn nicht nur der Regisseur, der die

Schlüsselereignisse zur Verfügung gestellt hat, sondern die Schauspieler selbst und auch das Publikum sind Teil der Theaterproduktion an diesem Abend geworden. Spannend ist es natürlich, wenn das Publikum selbst zum Autor/Regisseur wird und den Schauspielern durch Zurufe Vorschläge für den weiteren Spielverlauf macht. Wie in der Open Source Bewegung, wo jeder Zugang zum Source Code und den Informationen hat, und geradezu angestiftet wird, selbst Ergänzungen, Verbesserungen, Veränderungen oder ganz eigene und neue Versionen zu kreieren.

Das Schlüsselwort dazu heißt **Collaboration**, Zusammenarbeit oder Kooperation. Dies ist auch eine der wichtigsten Tugenden, die erfahrene Entrepreneure beherrschen, und sie ist eine notwendige Fähigkeit, um effectuale Netzwerke zu bauen. Aus der Co-Creation wird klar: Der ist an Bord, der dabei sein will und etwas zu der Kooperation, dem effectualen Netzwerk beitragen kann und will. In der Effectuation selektieren sich dadurch für den Entrepreneur die Stakeholder selbst – gibt es ein Commitment und einen Beitrag, ist man an Bord.

Die Spieltheorie ist einer der modernen Ansätze, der versucht, Systeme mit mehreren Teilnehmern zu analysieren. Eine der Strategien, die aus der Spieltheorie in Situationen angewandt werden können, um eine neue Kooperation oder, noch besser, ein effectuales Netzwerk aufzubauen, ist „Tit for tat". Dies besagt eigentlich nichts anderes als „So wie man in den Wald ruft, so ruft es auch heraus", oder „Wie du mir, so ich dir". Also: Man kooperiert, wenn der andere kooperiert hat, kooperiert nicht, wenn der andere nicht kooperiert hat ... Grundsätzlich geht man mit einer positiven Einstellung an die Sache heran und kooperiert zu Beginn einer Beziehung auf jeden Fall. Ein Vorteil dieser freundlichen Strategie ist, dass man dadurch nicht Gefahr läuft, ausgebeutet zu werden und bei vielen Akteuren – denn ihr effectuales Netzwerk soll leben – bietet es auf jeden Fall Vorteile. Kooperation macht sich bezahlt.

Einen feinen Unterschied gibt es jedoch, und das ist natürlich auch eine Frage des Geschäftsmodells. Reine Kooperation kann bedeuten, dass Stakeholder rein Instruktionen ausführen, während bei einer begrifflichen Abgrenzung mit Collaboration die Zusammenarbeit durch den Gegenstand bzw. Inhalt selbst bestimmt wird. In ersterem Fall wäre es ein Startup, wenn man z.B. Speisekarten einscannt und via Datenleitung in Indien für eine Datenbank abtippen lässt, im zweiten Fall z.B. eine Jamsession von Blues-Musikern oder die laufende Erweiterung von Wikipedia-Inhalten.

Überlegen Sie, was dies für Multi-Autoren-Blogs bedeutet. Wer ist der Moderator? Ein Koordinator, ein bestimmtes Thema, eine Opportunity ...? Was kann das für Ihr Geschäft bedeuten?

Die Zusammenarbeit von großen Gruppen funktioniert dabei über das Internet am besten. Werkzeuge wie Google Docs (Online Office- und Collaboration-Paket), bei dem mehrere Autoren an einem Dokument arbeiten können, oder Google Waves, welches E-Mail ablösen will und Konversationen in Wellen organisiert, so dass eine Wave laufend von den autorisierten Teilnehmern erweitert, überarbeitet und ergänzt wird. Nachrichten werden nicht mehr linear, sondern kooperativ und auch parallel entwickelt, eine Wave ist gleichzeitig Dokument und Unterhaltung, kann Texte, Bilder, Videos, Chats, Maps usw. beinhalten. So kann aus einer Kommunikation zwischen Freunden auf einmal die nächste Urlaubsreise und mehr werden. Aus einer Diskussion über die nächsten gemeinsamen Aktivitäten ergibt sich eine Diskussion über Wellensurfen, und schon wird die Idee geboren, man könnte doch einen gemeinsamen Surfurlaub planen. Vor der Urlaubsreise könnte nun durch den ständigen Austausch in der Wave ein kleiner Reiseführer entstehen, der die wichtigsten Orte, Routen, Pläne und Beschreibungen, die zusammenkopiert wurden, bereithält – wo sind die besten Surfreviere usw. Nach der Reise könnte aber auch relativ schnell ein Reisebericht entstehen, wenn die Inhalte nun um die tatsächlichen Urlaubsfotos, Videos, Reisetagebücher ergänzt werden. Ein effectualer Entrepreneur schreibt nicht einen Business Plan, sondern mehrere, weil sich für ihn, vor allem durch sein effectuales Netzwerk, die unternehmerische Gelegenheit laufend verändert. Für ihn wäre ein „Wave" spannend, vor allem, wenn er diese mit seinen Stakeholdern gemeinsam nutzt! Vielleicht hat die Surfgruppe Glück, und es gibt jemand mit Unternehmergeist in der Gruppe – was würde einem Reisebericht mit print on demand, einem Vortrag, einem E-Book mit den besten Surftipps und -regionen im Wege stehen!?

Ein anderes Beispiel ist der Wahlkampf von Barack Obama. Er geht nicht nur als der U.S.-Präsident in die Geschichte ein, der während seiner Amtszeit den Friedensnobelpreis bekommen hat, sondern auch als jener, der Web 2.0 Technologien nutzte, was einen wesentlichen Beitrag zu seinem Sieg über John McCain leistete. Dabei trat er gegen politische Gegner an, die im System des George W. Bush verankert waren, und auch über wesentlich mehr Ressourcen verfügten. Betrachtet man Obama als Entrepreneur, so haben er und seine Berater mit seinem Wahlkampf ein Startup gegründet, das die Spielregeln und das Geschäftsmodell des politischen Wahlkampfes verändert hat. Er kombinierte klassisches Wahlkampfwissen mit neuen Praktiken und setzte auf Facebook, Twitter, MySpace, LinkedIn, ... und seinen berühmten Blackberry. Dies führte dazu, dass „er" mit „einem Knopfdruck" 13 Mio. Unterstützer erreichen konnte. Obama nutzte die Web 2.0 Technologien, um Netzwerke aus Beziehungen und virtuellen Freundschaften zu weben und Schlüsselprozesse zu fördern, die Spenden brachten, einen Austausch mit der Basis sicherstellten und auch Unterstützter mobilisierten. Der traditionelle Ansatz war bisher gewesen, einen Top-down-Ansatz und eine einseitige Kommunikation zu wählen. Dies ist nun durch den Web 2.0 Einsatz radikal erweitert, man tritt mit den Wählern und Kunden in direkten Austausch und muss sich diesem auch stellen.

Ein Schlüssel zum Erfolg Obamas war sicherlich, dass es durch den Einsatz bestehender Plattformen einfach war, sich zu engagieren und teilzunehmen. Die Fans und Wähler konnten sich über eine Vielzahl von Netzwerken mit Obama verbinden, sich auch auf der Wahlkampf-website einloggen. Zahlenmäßig gibt es interessante vergleichende Darstellungen, bei denen Obama McCain im Website-Traffic, bei den YouTube Zugriffen, Facebook Freunden etc. aussticht (Edelman, 2009). Was kann man noch aus Obamas Wahlkampf, etwa hinsichtlich des Marketings und anderer Managementpraktiken lernen? Das Wahlkampfteam stellte Rohmaterial über die Wahlkampf-Website zur Verfügung, welches zur Erstellung von user-generierten Inhalten genutzt werden konnte. Neben der Website war Obama überall dort präsent, wo auch die Leute waren, eben gleichzeitig auf MySpace, Facebook, Twitter & Co. Dabei wurde auf komplizierte oder proprietäre Technik verzichtet, damit die Menschen vertraute Oberflächen nutzen konnten. Genauso wie das Web 2.0 professionell eingesetzt wurde, wurden auch mobile Geräte eingebunden, was nicht nur einen direkten, sondern auch einen 24-Stunden-Zugang zu den Menschen erlaubte. Begleitet durch entsprechende Kennzahlensysteme war es dem Wahlkampfteam auch möglich, unmittelbar zu reagieren und durch kontinuierliche Verbesserungen ständig die Aktivitäten anzupassen.

Besonders interessant für Obama waren natürlich nicht nur Kreativität und Reichweite bei den Web 2.0 Aktivitäten, sondern vor allem die Tatsache, das die Nutzung der Tools kostenlos oder sehr günstig ist. Zusätzlich konnte er dadurch Geld in Form von Wahlkampfspenden mobilisieren.

Web 2.0 Technologien haben es sicherlich erst ermöglicht, die Marke „Obama“ zu formen und zu verbreiten. Betrachtet man den Wahlkampf als Management Innovation, so haben der Technologieeinsatz und Obamas Blackberry auch die internen Strukturen und die Kommunikation seines Wahlkampfteams verändert. Wichtig dabei ist aber auch, den Menschen zuzuhören und sie zu verstehen, anstatt nur (Marketing-)Botschaften zu verbreiten. Somit war der Wahlkampf 2008 nicht nur der Meilenstein zur erfolgreichen Einführung von Web 2.0 Marketingaktivitäten in der Politik, sondern auch ein Lehrstück für den Aufbau und die Nutzung von Netzwerken. Eine interessante Analyse dazu hat das PR-Unternehmen Edelman (2009) veröffentlicht.

Ein Lesetipp ist auch „Wikinomics“ von Don Tapscott. Erst durch das Internet fallen die Kosten für globale Zusammenarbeit weg. Er beschreibt vier charakteristische Faktoren: die freiwillige Zusammenarbeit, die Offenheit, eine Kultur des Teilens und globales Handeln. Dies sind Grundzüge von Bewegungen wie Open Innovation (Öffnen des Innovationsprozesses nach außen), Open Access (freier Zugang zu wissenschaftlicher Literatur), Crowdsourcing (Auslagerung von Aufgaben an eine Öffentlichkeit, z.B. Kunden, Amateure, zum Lösen von Problemen). Beispiele dafür sind innocentive.com, der edoc-Server der Humboldt-Universität in Berlin und humangrid.de.

Die agile Organisation als Management Innovation

Bereits beim Thema des Projektmanagements haben wir uns mit agilen Projektmanagementmethoden beschäftigt. Mit Guidewire beschreibt Read (2007) ein Unternehmen, das diese Methoden nicht nur auf Projekte anwendet, sondern zum Unternehmensprinzip erhoben hat.

Mit der Anwendung agiler Prinzipien auf eine Organisation kann Neuland betreten werden. Während Co-Creation, Mass-Collaboration und Crowd-Sourcing Stakeholder wie Kunden sehr stark an Prozessen und Aufgaben auf verschiedenste Weisen beteiligen will, liefern agile Methoden oder auch agiles Arbeiten Prinzipien und Ideen, wie man in einem komplexen und auch ungewissem Umfeld zwischen dem absoluten Chaos und überbordender Bürokratie in Organisationen agieren kann. Dabei sind die Grundsätze: Jeder im Team ist schöpferisch, die Realität hängt von der Wahrnehmung ab und Veränderung ist ein natürlicher Vorgang – von zentraler Bedeutung. Im Mittelpunkt steht das sich selbst organisierende Team. Die Mitglieder müssen sich dafür entscheiden, Teil eines Teams sein zu wollen und sich darüber verständigen, wie die Zusammenarbeit erfolgen soll, sowohl im Ablauf als auch am Produkt. Dazu muss in einer größeren Organisation auch die nötige Freiheit eingeräumt werden und das Team ermächtigt werden, sich selbst zu organisieren. In diesem Rahmen muss festgelegt werden, in welchen Zeitintervallen Ergebnisse an Stakeholder geliefert werden sollen. Dabei ist es durchwegs akzeptabel, kürzere Zeitabstände zu wählen, was aber auch bedeuten kann, das kleinere Ergebnisse erzielt werden. Der Vorteil ist auf jeden Fall, dass sich frühzeitig Fehlentwicklungen abzeichnen und laufend getestet werden kann. Im Kapitel „Projektmanagement" haben wir Sprints und Iterationen beschrieben. Durch die kleineren Zeithorizonte werden komplexe, ungewisse Aufgaben überschaubarer und man tastet sich langsam vorwärts. Dies bedeutet aber auch, dass das Lernen anders organisiert werden muss. Nicht nur das Lernen in einem Arbeitszyklus ist dabei wichtig, sondern auch, nach jedem Zyklus einen Blick zurückzuwerfen und zu versuchen, für den nächsten Zyklus Verbesserungsmöglichkeiten zu erkennen. Nicht wegdenkbar bei der Aufgabenerfüllung ist starke Kommunikation sowohl innerhalb des Teams als auch mit den Stakeholdern, jedes Unvermögen spiegelt sich da im Verlust von Zeit und Geld wider. Daher ist sie ein Muss, das genauso wie Qualität, nicht verhandelbar ist. So testen agile Teams ständig unterschiedliche Arbeitsweisen, Szenarios, um die Arbeitsergebnisse abzusichern. Ein Lerneffekt ergibt sich dabei meist automatisch. Dies erfordert natürlich auch das Messen von Ergebnissen, finanziellen Erträgen (ROI) etc. Auf jeden Fall muss sich das Team darüber verständigen, was wirklich wichtig ist für die Organisation. Damit Realität wahrgenommen wird, ist das Festlegen von Kennzahlen eine wichtige Aufgabe.

In sich selbst organisierenden Teams sind auch die Mitglieder verantwortlich, wenn es darum geht, die eigene Arbeit so effizient wie möglich zu gestalten. Arbeitshemmnisse oder -hindernisse sollen nicht einfach nur gelöst werden, sondern so beseitigt werden, dass sie die Arbeit auch in Zukunft nicht mehr negativ beeinflussen können.

Die Rollen in einem agilen Team sind ähnlich denen in Scrum-Teams. Der Prozessverantwortliche achtet darauf, dass eine Prozessverbesserung ermöglicht wird, unterstützt die Teamentwicklung und kümmert sich um Hindernisse. Der Produktverantwortliche setzt die Prioritäten in der Aufgabenliste und arbeitet mit den Stakeholdern zusammen. Das Team schließlich legt fest, wie gearbeitet werden soll und führt die Arbeiten durch. Daraus ergeben sich drei Herausforderungen: die Förderung der Autonomie und Selbstverantwortung (Empowerment) von Mitarbeitern und Teams, die Förderung von aktivem und bewusstem Lernen sowie die Beseitigung von „unnötigem Ballast".

Agile Methoden und agiles Arbeiten sind in Kombination mit Co-Creation und allen Formen der Collaboration gute Ansätze, um Organisationen und Teams effectualer zu machen. Gleichzeitig bietet sich Entrepreneurship bzw. Intrapreneurship selbst noch zusätzlich als Methode an (dazu gleich mehr). Der letzte Schritt, um Effectuation in der Organisation und im Team wirklich anzuwenden, bedeutet natürlich eine Konzentration auf die Logik der unternehmerischen Wirksamkeit, deren Prinzipien und Dynamiken. Ein Element ist die Kombination der hier geschilderten Ideen, Methoden und Konzepte, andere Elemente sind auch ganz praktisch:

Sich klar darüber sein, was vorhanden ist (Kompetenzen, Identitäten und Netzwerke), zu überlegen, was möglich ist und getan werden kann, freiwillige Netzwerke mit Stakeholdern zu formen und mit diesen über Vereinbarungen hinsichtlich einer Zusammenarbeit zu verhandeln. Ebenfalls kann man die Grundsätze des agilen Arbeitens noch um die Prinzipien der Effectuation erweitern:

1. die Ausgangsbasis kennen,
2. Zufälle und Überraschungen nutzen,
3. Worst-Case-Scenarios überlegen,
4. Interne, externe und gemischte Netzwerke, Partnerschaften und Allianzen bilden und
5. Kontrolle der Aktivitäten anstatt der Vorhersage von Trends.

Schlüsselfragen

- Was hat sich bei Ihren Managementpraktiken seit der Industriellen Revolution und der Einführung des „Ford Modell T" verändert?
- Welche Managementpraktiken (Strategien, Prozesse, Methoden) könnten Ihre Arbeit/Firma/Branche disruptiv/radikal verändern?
- Wer sind die Ideen-Entrepreneure in Ihrem Umfeld? Wie können Sie diese an Bord holen?

gastbeitrag: design thinking meets effectuation

von rudolf greger

anfang 2009 hörte ich erstmals von marcus den begriff »effectuation«. das löste eine reihe von effekten in mir aus. als er dann das wesen von effectuation mit dem kochbeispiel illustrierte, ahnte ich: design hat etwas damit zu tun. es kam mir so bekannt vor.

in den folgenden monaten sollte ich mich dann auch immer tiefer in dieses thema verstricken. auf einmal waren erfolge meiner handlungen in der vergangenheit erklärbar. seitdem reifte in mir die vermutung: design thinking und effectuation sind eng miteinander verwandt oder sogar das gleiche.

das vorliegende buch ist somit auch eine hervorragende weiterführung der letztes jahr in »design im marketing – mittel zum zweck« aufgeworfenen ideen.

design thinking, das ja seit ein paar jahren in managementkreisen immer populärer wird, gilt heute als einer der erfolgsfaktoren des kommenden jahrzehnts. design thinking wird als die geheimformel gehandelt, um innovation voranzutreiben und unternehmen flexibel zu machen, sie praktisch von innen zu verjüngen. unternehmen, die design thinking anwenden, sind den meldungen zufolge erfolgreicher als all die anderen. warum ist das so?

weil durch design thinking zwangsläufig effektuales vorgehen in einem unternehmen implementiert wird! weil effektual zu agieren nämlich die grundübung in design-prozessen ist.

sich laufend ändernde rahmenbedingungen, z. b. im zuge einer produktentwicklung, zwingen designer permanent darauf zu reagieren und aus dem jeweils gegebenen das beste herauszuholen. dabei dürfen die designer dennoch nicht das ureigentliche ziel aus den augen verlieren, nämlich sinn zu stiften und somit umsatz und profit zu steigern.

viel wird derzeit in diversen business schools und von bekannten management-beratern über den nutzen von design und design thinking verbreitet – schlagwort business design. meine these dazu lautet: business design funktioniert gerade deshalb so gut in den unternehmen, weil es effektuales vorgehen mit kausalem agieren verbindet. die business school of toronto bietet seminare an, in denen manager mit designern zusammenarbeiten. es heißt, das sei die derzeit ideale kombination, um mit der beschleunigung des wirtschaftslebens, der wir immer mehr ausgesetzt sind, zurande zu kommen. und es sei DIE methode für innovation.

die business- und design-forschung sollte uns also beantworten: funktioniert das deshalb, weil es um kreativität im künstlerischen sinn geht und man diese den designdienstleistern zugesteht? oder ist diese kombination management und design erfolgreich, weil die denkweise der designer (design thinking) nichts anderes als effectuales denken und handeln ist?

marcus und ich haben im vergangenen jahr viel über effecutation und seinen bezug zu design diskutiert. wir haben dabei festgestellt: auch effectuales vorgehen erfordert ab einem gewissen zeitpunkt kausale handlungsfolgen, wobei deren einzelne schritte wiederum effektual beginnen können. wir haben es also mit einem fraktalen prozessgebilde zu tun. von weit oben betrachtet, beginnt es effektual und mündet in einer kausalen kette. zoomt man in diese kausale kette, erkennt man wieder einen effektualen beginn, der wiederum in kausale actions mündet usw.

in der folge haben wir meine handlungen analysiert (als designer und als unternehmer), darüber nachgedacht, weshalb manche aufgabenstellungen besser gelöst wurden, wenn wir designer involviert waren, und wurden in unserer annahme bestätigt. als designer sammeln wir vorliegendes und stellen beziehungen her, das führt zu neuen lösungsansätzen – man könnte auch innovation dazu sagen –, die dann in kausalen schritten realisiert werden. ohne der kausalen kette gäbe es meiner these nach kein konkretes ergebnis – ohne effectuation gäbe es kein projekt und also keine innovation.

hier trifft sich also management mit design und wird besser – die kombination aus effectuation und kausalem handeln ist der erfolgsfaktor. das ist offensichtlich auch der grund, warum designer nicht zwangsläufig die besseren manager sind, wie man annehmen könnte, wenn man der meinung der fachleute folgt, die da sagen, dass durch design thinking einem unternehmen vorteile erwachsen.

designer sind aufgrund ihrer ausbildung, ihres trainings, aufgrund ihrer gewohnheiten und aufgrund der anforderungen aus ihrem alltag gezwungen, effektual zu handeln — sie sind meister darin.

für erfolgreiches abwickeln von projekten und für erfolgreiches führen von unternehmen braucht es aber beides: effektuales und kausales handeln. die für eine vision, eine geschäftsidee notwendige innovation erhält man aus effektualen prozessen. für die umsetzung braucht es ab einem gewissen punkt kausales abarbeiten. im allgemeinen bringen manager diese kausale ordnung bei. die kombination ergibt somit die erfolgsorientierte stärke.

ich fasse also zusammen: manager, die aufgrund von gegebenheiten und ohne vorgegebenes ziel neues schaffen, denken und handeln bereits effectual. manager, die sich das bisher nicht zutrauten, können diese denkweise leicht in ihr unternehmen integrieren, indem sie z.B. designer engagieren – nicht, um ein neues produkt oder eine neue broschüre zu gestalten, sondern um ihr business zu optimieren. der gelieferte input des designers ist die basis, auf der der manager seine kausale kette aufsetzt und die vision realisiert. der designer fungiert als sparring-partner des managers. design thinking trifft auf business und bildet die humusschicht für effectuation.

ich wünsche mir mehr effectuation in der wirtschaft. das vorliegende werk ist ein beitrag dafür. danke.

Teaching Entrepreneurship

»Eine Reise von tausend Meilen beginnt mit dem ersten Schritt.«
Lao-Tse, eine chinesische Legende

Fehler passieren jeden Tag, im Großen wie im Kleinen. Lernen spielt dabei eine wichtige Rolle. Dies ist eine Erfahrung, die ein guter Lehrer mit den richtigen Lehrmethoden seinen Schülern und Studenten mit auf den Weg geben kann, sei dies in der Klasse, an der Universität, als Mentor oder Coach im wirklichen Leben. Die Möglichkeiten sind vielfältig.

Gute Lehrmeister ermöglichen ihren Studenten Erfahrung im Fehlermachen, sodass ein Lerneffekt möglich ist und die Studenten besser vorankommen. Lernen besteht aus vielen kleinen und wenigen großen Schritten, die Fehler und Erfolge miteinander verknüpfen und das Überleben in der „Wildnis" erleichtern.

Unternehmergeist lebt von überlebten Fehlern, von neuem Denken und Handeln und der Umsetzung von Ideen, die es wert sind, umgesetzt zu werden.

Dies ist auch der Ausgangspunkt dieses Kapitels. Doch wie läuft traditioneller Unterricht ab – z.B. der BWL-Unterricht in der Schule, später vielleicht im MBA-Programm oder bei einer Marketingausbildung? Und wie sieht dagegen Unterricht aus, der Effectuation beinhaltet?

Jeder von uns hat Unterricht am eigenen Leib erfahren; wie dies das eigene Lernverhalten prägt, entscheidet sich zu einem guten Teil durch die Lehrer. Der Unterrichtsrahmen ist vorgegeben, je nach Engagement der Pädagogen werden die Schüler und Studenten unterschiedlich aktiviert. Es ist nicht verwunderlich, dass das Lehrmaterial dabei den Stempel einer kausalen Welt trägt. In kaufmännischen Schulen, vielen MBA-Programmen, Universitäten etc. werden Sie ausschließlich die kausale Manager-Denkwelt vorfinden. Diese dreht sich um klare Ziele und die Ressourcen, um diese zu erreichen. Auch gibt es Anregungen wie: „Sammle Marktforschungsdaten; analysiere und prognostiziere, bevor du handelst; erobere Märkte; verdränge den Mitbewerb; mach deine Hausübungen und: Sei brav!“ – Wir könnten das beliebig fortsetzen. Fortschrittlichere Ansätze, wie systemtheoretische Erkenntnisse, Managementkybernetik, vernetztes Denken in den Unterricht zu bringen, sind begrüßenswert und wichtig, genauso wie Pädagogen, die ermutigen, Beispiele schaffen und nicht nur die über Jahrzehnte auswendig gelernte Theorie immer wieder vorbeten.

Zwei Toolboxen zum Lehren und Lernen!

Die Erkenntnisse aus der Entrepreneurship Forschung bringen mit Effectuation einen weiteren spannenden und praxisrelevanten Ansatz in die Lehre, egal ob im Executive Training, im Schulunterricht oder an der Universität. Die Formate reichen von Ein-Tages-Führungskräftetrainings bis hin zu sieben-, zehn- oder 15-Wochen-Programmen mit Studenten und Absolventen.

Saras Sarasvathy unterrichtet an der Darden Business School in Virginia – mit Effectuation, genauso wie Stuart Read am IMD in Lausanne. In vielen weiteren Business Schools werden Einführungen in diese Forschungsarbeiten im Unterricht verwendet. Ich selbst hatte das Glück, während meines MBAs an der Donau-Universität Krems durch Prof. Dietmar Grichnik und Prof. Robert Hisrich mit den Ideen Saras' konfrontiert zu werden – der Beginn einer Reise.

Einen großen Teil von Saras' Arbeit, neben der Forschung, nimmt die Lehre ein – eine der Forderungen ihrer Stammuniversität an ihre Mitglieder. Sie lehrt aber auch international, wie z.B. an der Max Planck Entrepreneurship School. Dies macht ihr nicht nur sichtlich Spaß, sondern beeinflusst auch unmittelbar die Forschung und umgekehrt. Dies in Kombination mit ihrer Erfahrung und der Umsetzung eines äußerst interaktiven Unterrichtsstils machen den Unterricht mit ihr wertvoll und zu einer besonderen Erfahrung.

Kern des von Saras entwickelten Lehrplanes ist es, die Studenten so früh wie möglich mit Fehlern zu konfrontieren. Sie setzt dies mit dem Gehen-Lernen gleich. Der zweite Kernpunkt – und sicherlich eine große Herausforderung an die Studenten – ist die Aufforderung, sich vom ersten Tag an mit einer konkreten Unternehmung, sei es ein Profit-, Non-Profit-Unternehmen oder ein Projekt, zu beschäftigen. Dies ist auch Kern der Leistungsbewertung der Studenten – eine neue Unternehmung zu starten.

Es geht sicher nicht darum, einen einseitigen Unterricht zu gestalten, der Effectuation heroisiert oder fokussiert. Ganz im Gegenteil, beide Seiten zu lehren und zu lernen ist Programm, schließlich beherrschen erfahrene Entrepreneure sowohl die kausale als auch die effectuale Denklogik. Durch Fallbeispiele, interaktive Übungen im Unterricht, Videos, Gäste wie z.B. Entrepreneure, Experten (Rechtsanwälte, Steuerberater, Banker ...), Business Angels usw. bringt sie dabei den Studenten die beiden Toolboxen des Entrepreneurship näher. Alles dreht sich um die einzelnen Projekte der Studenten, es geht weniger um Theorien, Best Practices etc.

Es wird immer wieder diskutiert, ob Märkte und unternehmerische Gelegenheiten eher gefunden oder eher geschaffen werden. Ein Thema, mit dem sich Saras und weitere Autoren in einem 2010 erscheinenden Buch beschäftigen werden. Beispiele für Firmen, anhand derer dies derzeit untersucht wird, sind Starbucks, Staples, Apple, eBay, General Electrics. Man könnte sie auch in Österreich oder Deutschland finden, wie z.B. die Geschichten von Hipp, Zotter, Almdudler, Sonnentor etc. – was ist bei diesen Unternehmen bei der Gründung passiert, wie entschieden die Gründer?

Kern von Effectuation und auch des Unterrichts ist, dass möglichst schnell ins Handeln übergegangen und nicht auf analytische Wunder gewartet wird. Hier spielen die bereits vorgestellten drei psychologischen Elemente der Effectuation eine wichtige Rolle: Selbstwirksamkeit, Kreativität und Anpassungsfähigkeit. Ist das Selbstvertrauen gegeben, der Sinn der eigenen Idee erkannt, steht dem weiteren Unterricht nichts mehr im Wege.

Um eine Einseitigkeit zu vermeiden, wurden während des ganzen Unterrichts in Diskussionen, Einzelcoachings etc. alle Aktivitäten und Entscheidungen sowohl durch die kausale als auch durch die effectuale Brille betrachtet.

Nun werden die kausalen Vorgehensweisen dem effectualen Denken gegenübergestellt: Der Einsatz von Marktanalyse und -forschung dem Aufbau eines effectualen Netzwerkes (mit seinen Vereinbarungen); das Finden der richtigen Leute und das Besetzen von Beiräten dem Gewinnen engagierter Stakeholder; die Gestaltung einer Finanzierung dem Vorgehen bei keinem oder geringem Budget (siehe Exkurs: Bootstrapping); das Fokussieren auf ein Marktpotenzial der Limitierung und Kontrolle möglicher Verluste; das Vermeiden von Fehlern (Risikomanagement) dem Verwandeln von Zufällen und Überraschungen in einen Vorteil. Die Liste kann anhand weiterer kausaler und effectualer Fragestellungen beliebig erweitert werden.

Ein wesentliches Element im dynamischen Modell ist der Aufbau des effectualen Netzwerkes. Dies ist auch der Punkt, wo dieses Modell im Unterricht vorgestellt wird, wie auch die statischen Elemente – dabei stehen immer die Projekte der Studenten im Mittelpunkt und werden begleitet. Rollenspiele kommen ebenso zum Einsatz und die Interaktion innerhalb der Studentengruppe ist von wesentlicher Bedeutung.

Das Ergebnis, das bewertet wird, soll so konkret wie möglich sein. So müssen die Studenten von Tag eins an ein **„Tagebuch"** führen. Dieser Rechercheberichtüber die gewählte unternehmerische Gelegenheit umfasst nicht nur eine Recherche von Sekundärquellen, sondern vor allem auch eine Liste von Primärquellen wie Entrepreneure, mögliche Investoren, Kunden, Experten etc. Saras fordert dabei mindestens ein dokumentiertes Interview mit einer Person aus der entstandenen Kontaktliste.

Dieser Bericht wird in vier wesentliche Abschnitte gegliedert:

1. Ist es machbar? (Markt)
2. Ist es wert, getan zu werden? (Finanzerfolg)
3. Kannst du es machen? Was ist dazu nötig? (Organisation)
4. Willst Du es machen? (Motivation und Ausstiegsszenarios)

Dem beigefügt werden die vorhergehenden Recherchen und Interviews. Ein Bereich, wo die persönlichen Erfahrungen und Erkenntnisse (lessons learned) niedergeschrieben werden, ist die sinnvolle Ergänzung.

Saras betont immer wieder, dass es notwendig ist, beide Toolboxen zu beherrschen. Keine ist besser oder für sich allein ein Erfolgsgarant. Der Unterricht dreht sich somit um die Mittel (Identität, Wissen und Netzwerke), Stakeholder, Interaktion und das Feedback von Lehrern, Peer Groups, Entrepreneuren, Experten ...

Diese Überlegungen führen uns auch zum guten alten Tagebuch – egal ob als Notizbuch oder digital – eine

Methode, die auch Dietmar Grichnik verwendet. Kern ist, dass jeder ein **„Ideen-Tagebuch"** führen sollte, wo er oder sie unternehmerische Gelegenheiten und kreative, auch vermeintlich abstruse Ideen festhält. Was man aufschreibt, bietet die Chance, später wieder erinnert und ausgewertet zu werden.

Prof. Grichnik hat dazu das Werkzeug des **„Opportunity Assessment Plans"** vorgestellt. Mit diesem wird eine unternehmerische Gelegenheit systematisch auf ihre Umsetzbarkeit bewertet. Die Erkenntnisse entscheiden darüber, ob ein Business Plan mit all seinen Elementen erstellt werden soll. Im klassischen deutschsprachigen Business Plan wird meist eine SWOT-Analyse integriert. Diese ist schön und gut, jedoch ein lineares Werkzeug mit seinen Schwächen. Bei der geschilderten Variante werden die entsprechenden Hausaufgaben mit dem „Opportunity Assessment Plan" erledigt. Prinzipiell gilt aber immer: Wenn von einem Gründungsprogramm eine bestimmte Business Plan Form verlangt wird, sollte man sich an dieser orientieren – schließlich ist es das Dokument, mit dem man sein Gegenüber überzeugen möchte, Geld fließen zu lassen – und daher sollte man sich auf dieses Gegenüber einstellen.

Aus der Entrepreneurship- und Effectuation-Forschung ergibt sich unmittelbar, dass Entrepreneurship ein kreativer Problemlöseprozess ist. Dieser bringt eine Idee in die reale Welt, sei dies als neues Produkt oder Unternehmen. Kern von Entrepreneurship oder Unternehmergeist ist ja auch menschliche Vorstellungskraft und Sehnsucht. Saras spricht davon, dass gute Entrepreneure es beherrschen, diese beiden Faktoren bei z. B. neuen Produkten so zu kombinieren, dass es zu einem Erfolg kommt. Genau diese Selbständigkeit und Einschätzungsfähigkeit, ob eine Idee wirklich umsetzbar ist, gilt es für die Studenten zu lernen. Und das ist es auch, was die Menschen zusammenbringt, sodass reale Probleme gelöst werden und, im Idealfall, die Welt zu einem besseren Ort werden kann.

IFTE – Initiative für Teaching Entrepreneurship

Die letzten Sommertage haben begonnen, aber in der Erdbergstraße 10 scheint es immer noch Frühling zu sein. Dort ist nicht nur das „UnternehmerInnenzentrum Rochuspark" und das „Café Frischzelle", sondern auch mein Treffpunkt mit Johannes Lindner – einer der handelnden Personen hinter der „Initiative für Teaching Entrepreneurship" in Österreich.

Seit nunmehr zehn Jahren beschäftigt sich die Initiative erfolgreich mit der Verankerung von Entrepreneurship Education an berufsbildenden mittleren und höheren Schulen. IFTE hat das Ziel, „eine unternehmerische Haltung von Jugendlichen für die berufliche und unternehmerische Selbständigkeit" zu fördern. Bemühungen, die Chancengleichheit und eine aktivere Teilnahme an der Zivilgesellschaft ermöglichen sollen. Das bedeutet auch Wertschätzung und Verantwortung gegenüber Benachteiligten. IFTE zeichnet vor allem durch ihre zahlreichen Aktivitäten mit Jugendlichen und Pädagogen ein wesentlich breiteres Bild von Entrepreneuren. Das erzeugt zusätzlich ein anderes, ein positiveres Bild, als jenes, das uns diverse Negativ-Beispiele von „Unternehmern" aus der täglichen Berichterstattung in den Medien glaubhaft machen wollen.

Die Bemühungen von IFTE bauen dabei auf der Europäischen Charta für Kleinunternehmen auf, wo es heißt: „Erziehung und Ausbildung zu unternehmerischer Initiative: Europa wird den Unternehmergeist und das Erlernen neuer Fertigkeiten schon bei der Jugend fördern. Grundwissen über Unternehmen und Unternehmertum muss auf allen Bildungsebenen vermittelt werden." IFTE ist dadurch auch logischerweise selbst Mitglied im europäischen Netzwerk für Teaching Entrepreneurship, das die Initiativen in Belgien, Deutschland, den Niederlanden, Großbritannien und Irland, aber auch den USA verbindet.

Jede Generation hat ihre Herausforderungen, seien es Fremdsprachkompetenzen, Mobilität und Arbeitswelt, steter Wandel und Nachhaltigkeit oder eben auch Innovation, Kreativität und Entrepreneurship. Unternehmerisches Denken ist auf jeden Fall bereits zu einer der Schlüsselqualifikationen der heutigen und zukünftigen Arbeitswelt geworden. Ein Fokus von IFTE ist es, durch Unterrichtsmaterialien, Fallstudien, Seminare und Workshops mit Pädagogen und Schülern die Ideen und Chancenorientierung von Jugendlichen zu fördern. Dazu wurde eine eigene Arbeitsbuchreihe für die Betriebs- und Volkswirtschaftslehre aufgebaut, die durch zusätzliche Materialien wie Fallbeispiele, CDs, dem sogenannten Innovationssparbuch, Plakaten etc. ergänzt wird. So kommen bereits an die 17.000 Schüler pro Jahr[29] mit dem Unterrichtsprinzip und den Materialien der IFTE in Kontakt. Unzählige Lehrer nehmen an den angebotenen Fortbildungsseminaren teil. Eine wunderbare Übersicht bietet hier die Website von IFTE mit Bildern und Unterlagen aus Wien, Kitzbühel und Salzburg zum downloaden.

Spannend sind auch die Aktionswochen zum Unternehmergeist, die im Rahmen der Global Entrepreneurship Week (GEW) stattfinden. In mehr als 80 Ländern finden an die 13.000 Veranstaltungen mit über fünf Millionen Teilnehmern statt. Initiiert wurde die GEW durch die renommierte Kauffman Foundation. In Österreich wurde dieses Veranstaltungsformat erstmals 2008 organisiert und hat auch 2009 wieder stattgefunden – im Organisationsteam waren u.a. Jugendliche der Schumpeter HAK in Wien 13 und Johannes Lindner.

Neben der Vermittlung von „Entrepreneurial Spirit" sollen bei diesen Veranstaltungen vor allem Netzwerke und Kontakte hergestellt werden und ein über Grenzen hinausgehendes Lernen gefördert werden.

Das Thema für 2009 war „Sustainability meets Entrepreneurship", das durch eine Vielzahl von Veranstaltungen, Seminaren, Workshops, auch mit einem speziellen Workshop-Buch, in Wien, Kitzbühel, Krems und

---

[29] Laut Statistik Austria waren im Schuljahr 2007/08 194.487 Schüler an berufsbildenden mittleren und höheren Schulen eingeschrieben. Ingesamt gab es in diesem Schuljahr 1.202.033 Schüler.

Salzburg begleitet wurde und in dessen Rahmen ich an einer Podiumsdiskussion zum Thema teilnahm.

Spannend ist, dass IFTE mit dem Projekt „Young Entrepreneur“ die Einführung einer Entrepreneurship-Erziehung in Bulgarien fördert. Dazu wurden nicht nur die Lehrbücher übersetzt, sondern auch Multiplikatoren trainiert und Jugendlager gemeinsam mit österreichischen und bulgarischen Schülern veranstaltet.

Johannes Lindner, der sich selbst auch als Entrepreneur sieht, fordert daher auf „Entrepreneur des eigenen Unterrichts“ zu werden. Meiner Meinung nach ein wichtiger Aufruf, nicht nur für Pädagogen, sondern auch für Schüler!

IFTE unterstützt auf drei Ebenen.

1. Unternehmerische Qualifikationen im engeren Sinn (Stärkung der Ideen- und Chancenorientierung),
2. Förderung einer Kultur der Selbständigkeit (Haltungen) und
3. Förderung einer Kultur der Mündigkeit, Autonomie, Eigen- und Verantwortung gegenüber anderen.

Die erste Ebene findet sich wieder als Unterrichtsbestandteil wirtschaftlicher Fächer, etwa beim Thema, wie man ein Unternehmen gründet und führt. Die interdisziplinäre Herausforderung beginnt bei Ebene 2 und 3. Ebene 2 soll Haltungen fördern, die zu Selbständigkeit führen und Ebene 3 unterstützt schließlich Entrepreneurship als eine „Basistugend einer dynamischen Zivilgesellschaft“ – und somit in letzter Konsequenz die Heranbildung von mündigen und teilnehmenden Bürgern. Dabei werden nicht nur Unternehmergeist gefördert, sondern durchwegs auch Management Innovationen, wie das **St. Gallener Managementmodell (SGMM)**, vernetztes Denken, und neue Lehr- und Lernmethoden. Neben dem SGMM ist auch die ökosoziale Marktwirtschaft eine der Wertegrundlagen bei der Entrepreneurship-Erziehung an den Wiener Handelsakademien, ergänzt Mag. Walter Grafinger, Landesschulinspektor für kaufmännische Schulen in Wien, der auch im Steering Comittee der IFTE im Vorstand tätig ist.

Die Schwerpunkte im SGMM gelten der Aus- und Weiterbildung, dem Feedback und der Kommunikation (Interaktion) . Es ist ein komplexes Modell, kann der wirtschaftlichen Systemtheorie zugeordnet werden und ist auch ein ganzheitliches bzw. integriertes Managementsystem. Beim **vernetzten Denken** nach Frederic Vester wird ein System (eine Organisation, eine Gruppe, ...) als ein vernetztes Wirkungsgefüge gesehen. Rückkoppelungen beeinflussen daher das Systemverhalten. Mit vernetztem Denken sollen diese Wirkungen besser analysier- und begreifbar gemacht werden. IFTE unterscheidet auch bei den Methoden für den wirtschaftlichen Unterricht. So werden Lernbüros, Übungsfirmen, Mini-Unternehmen, Juniorgroups, Schülerfirmen bis zu Fallstudien, Projektmethoden, Planspiele und die Dilemmataanalyse, mit deren Hilfe Widersprüche und Spannungsverhältnisse aufgezeigt werden, eingesetzt.

Dies klingt doch nach einem Unterricht, der nicht nur Schüler aktiviert, oder? Ziel ist es, während des Unterrichts so viele Handlungsfelder wie möglich zu eröffnen. Schule ist im Idealfall erste Experimentierwerkstatt für Sozialverhalten, Wissen und Umgang mit Fehlern. Entrepreneurship Education versucht, Schüler nicht nur als potenzielle Unternehmer fit zu machen, sondern ihnen vor allem auch Handlungskompetenzen als Arbeitnehmer und aktive Teilnehmer der Gesellschaft zu vermitteln. Im schulischen Setting erfolgt Lernen im Spannungsfeld zwischen Konstruktion und Instruktion. Genau das konstruktivistische und eigenverantwortliche Lernen soll durch Entrepreneurship Teaching gefördert werden.

Da sind nicht nur einige, sondern viele Anknüpfungspunkte, die auch durch Effectuation in der Lehre vertreten werden, beispielsweise der konstruktivistische Lernprozess, die Methodenvielfalt der Lehre und des Lernens. Ebenfalls eine wichtige Betonung erfahren Interaktion und Kommunikation, Feedback und Vernetzung aus den der Effectuation zugrundeliegenden Modellen.

Genau diese möglichen Ansatzpunkte aus der Effectuation-Forschung sind in zweierlei Hinsicht eine Bereicherung für die Entrepreneurship Education: Zum einen das Öffnen des Blickes – von kausal-logischen Managementstrukturen hin zu effectutal-logischem Denken. Zum anderen wird der Unterricht durch die klaren Prinzipien und Prozesse der Effectuation und den daraus entwickelten Methoden und Werkzeugen profitieren – im Sinne von Querschnittsqualifikation und ganzheitlicher Heranbildung junger Bürger mit Unternehmergeist!

Hundertprozentige Kompatibilität

Die meisten Wirtschaftsklassen, Gründerkurse, MBA-Programme konzentrieren sich auf kausal-logisches Denken und Managen. Die Bereicherung, die Effectuation in jede Form des Entrepreneurship Teachings, aber auch in Management- und Marketingprogramme bringen kann, ist dort gegeben, wo es gilt, den Lehr- und Lernenden andere „Denkbrillen“ zur Verfügung zu stellen.

Kern der IFTE-Initiative ist es, Unternehmergeist in all seinen Ausprägungen bei jungen Menschen zu fördern. Hier kann auch Effectuation als eine zweite und gleichberechtigte Toolbox des Entrepreneurships einen wichtigen Beitrag leisten. Die Logik der unternehmerischen Wirksamkeit ist dabei kein Widerspruch, sondern eine sinnvolle Ergänzung. Sie hilft, Entrepreneurship als Methode zu etablieren. Doch vor allem fordert und fördert sie nicht nur das Lernen im, sondern auch außerhalb des Unterrichts und Klassenzimmers. Das Erproben in der realen Welt, das Zurückbringen der gewonnenen Erkenntnisse in den Unterricht, die Diskussion mit Lehrern und untereinander, die Interaktion mit Menschen, Unterrichtmaterialien und den eigenen Projekten schließen somit einen Kreis. Lernen, Denken und Handeln werden ganzheitlich und nachhaltig, kurz gesagt, die Forderung: „Denk mit deinem Unternehmergeist!“ wird Realität. Das bedeutet nicht immer, dass ein neues Unternehmen gegründet wird, es stärkt aber eine funktionierende Zivilgesellschaft in all ihren Bereichen, vom Profit- bis zum Non-Profit-Sektor.

Auch Fehler sind nicht nur erlaubt, sie sind notwendig und bedeuten immer ein Lernen. Wichtig ist es, SMARTe Fehler zu machen und dumme zu vermeiden. Fehler sind ein wichtiger Schritt zum Erfolg. Als Investor oder auch Arbeitgeber würde ich auf jeden Fall immer nach Fehlern und dem Umgang mit diesen in der Vergangenheit fragen, ein sicherer Indikator für Erfolg. Schauen Sie der Person dabei allerdings in die Augen, um auch deren Vitalität und Intelligenz einzuschätzen, dumme Fehler am laufenden Band sind nämlich kein Erfolgsindikator.

Mein Aufruf: Starten Sie jetzt ein neues Vorhaben (Unternehmen, Verein, Projekt, ...), kontaktieren und sprechen Sie mit Menschen darüber, führen Sie ein Tagebuch ... Lernen Sie aus Fehlern! Denken und handeln Sie wie ein Entrepreneur, egal wo und was Sie lernen und arbeiten. Erfahrene Entrepreneure bevorzugen aktives Handeln gegenüber der Analyse, die schnell zu einer „Analysis Paralysis"[30] führen kann. Effectuation ist dabei eine Denk- und Handlungsbrille.

An zwei Beispielen möchte ich konkret festmachen, wie die Ebenen 2 und 3 der Entrepreneurship Education besser mit Ebene 1 verbunden werden können.

Zur Erinnerung: „Ebene 1 fördert die unternehmerische Qualifikation im engeren Sinn und soll die Stär-

---

[30] Lähmung durch andauernde Analyse, ohne Aktivitäten setzen zu können.

kung der Ideen- und Chancenorientierung nach sich ziehen.“ Also stellen die Bände aus der Arbeitsbuchreihe „Wirtschaft verstehen – Zukunft schaffen“, die im Wirtschaftsunterricht eingesetzt werden, somit diese Ebene dar – die hauptsächlich das Gründen, Führen und Managen von Unternehmen vermitteln soll. Das hieße aber, Betriebs- und Volkswirtschaft, angereichert mit Erkenntnissen aus der Entrepreneurship-Wirklichkeit! Nehmen wir bei unserem Beispiel die Fähigkeit, einen Business Plan zu formulieren oder zumindest zu verstehen, als das mögliche, gewünschte Ergebnis an. Die Erfahrungen aus dem Einsatz von Effectuation in der Lehre stellen hier Instrumente bereit, die vom ersten Tag an in den Unterricht integriert werden könnten, und sogar das Verstehen kausaler Gründungs- und Managementprozesse erleichtern würden.

Das zweite Beispiel ist die Aufgabe, vom ersten Tag an ein „Ideen- und Chancen-Tagebuch“ (oder „Tagebuch der unternehmerischen Gelegenheiten“) zu führen – und die Umsetzung auch in die schulische Bewertung einfließen zu lassen. Dies brächte einen ganz neuen Aspekt und Dynamik in den Unterricht. Ganz im Sinne von Entrepreneurship Education sollten hier die Erlebnisse, Erkenntnisse etc. aus den beiden anderen Ebenen einfließen. Wichtig ist aus meiner Sicht, nicht nur den Fokus ausschließlich auf unternehmerische Gelegenheiten zu richten, sondern die Möglichkeiten des Tagebuches breiter zu streuen. In letzter Konsequenz geht es um Inspiration, Selbstverantwortung und darum, zu handeln – sei es als Arbeitnehmer oder auch als Unternehmer. In weiterer Folge kann für konkrete Projekte ein **Opportunity Investigation Report (OIR)** angefertigt werden. Geht es dann an die tatsächliche Umsetzung, z.B. im Rahmen einer Übungsfirma, sollte es zur Ausarbeitung eines **Opportunity Assessments** kommen. Dies wäre eine systematische Herangehensweise, um zu entscheiden, ob eine unternehmerische Gelegenheit genutzt und ein Business Plan erstellt werden soll. Das „Ideen- und Chancen-Tagebuch" würde natürlich stetig weitergeführt, genauso wie OIRs sich laufend weiterentwickeln können und sollen. Kern ist das Sich-beschäftigen mit Gelegenheiten, das Üben der Wahrnehmung und auch das Verschriftlichen, und sei es in Stichworten – ungemein wertvoll, will man in ein paar Monaten sein Gedächtnis auffrischen und Zusammenhänge herstellen.

Das zweite Beispiel betrifft die schon diskutierte Entscheidung, ob man den Sprung ins kalte Wasser wagt, also zum Unternehmer oder sogar Entrepreneur wird. Durch konstante Fallbeispielarbeit, Diskussionen, Übungen könnte schon im Unterricht darüber reflektiert werden, was es benötigt, eine solche Entscheidung zu treffen. Zur Selbstverantwortung gehört auch diese Kompetenz.

Dies kann konkret entlang folgender roter Fäden bzw. Thematisierungen erfolgen: Welcher Einsatz bzw. welcher Verlust ist möglich, welche Faktoren der Gelegenheit sind kontrollierbar, welche nicht? Auf diese Weise wäre der Unterricht auch zunehmend lustvoll und unterhaltsam, vor allem bei der wichtigen Diskussion von

Opportunitätskosten der Alternativen, also z.B. „auf den Sportplatz zu gehen“ versus „eine Reise machen“ ... Aber ganz wichtig ist auch, nicht die Frage zu vergessen, „Was kostet es (im Sinne von Opportunitäten), ein Unternehmen, ein Projekt *nicht* zu starten bzw. eine Entscheidung *nicht* zu treffen?“ Und schließlich ist laufendes Feedback durch Pädagogen, aber auch durch die anderen Schüler nicht nur sinnvoll, sondern wichtig und notwendig – und damit ist nicht die schulische Note gemeint.

Schlüsselfragen

- Wie wünschen Sie sich (für sich oder Ihre Kinder) Lehre und Unterricht?
- Was sind Ihre Ideen? Was sagt Ihr Unternehmergeist dazu („Analysiert du noch oder handelst du schon?“)
- Was schreiben Sie in Ihr Ideen- und Chancen-Tagebuch? – Was, Sie schreiben noch keines?!

Ideen in die Tat umsetzen

»Nur das Denken, das wir leben, hat einen Wert.«
Hermann Hesse, Dichter, Schriftsteller & Freizeitmaler

Fast jeder kann ein Entrepreneur sein. Menschen wie Johannes Lindner (Pädagoge), rudolf greger (Designer), Muhammed Yunus (Banker), Hermann Gmeiner (SOS Kinderdorf Gründer) sind es, Marketing-Manager, Vereins- oder Stiftungsgründer, auch Initatoren einer Bürgerinitiative können ebenfalls Entrepreneure sein. Warum?

Auf der Website der IFTE findet sich dazu ein passendes Statement der Europäischen Kommission aus dem Jahr 2006: „Unternehmerische Initiative (Entrepreneurship)“, bzw. auch Unternehmergeist, „bezeichnet die Fähigkeit des Einzelnen, Ideen in die Tat umzusetzen. Sie setzt Kreativität, Innovation und Risikobereitschaft voraus sowie die Fähigkeit, Projekte zu planen und durchzuführen, um bestimmte Ziele zu erreichen. Sie hilft dem Einzelnen in seinem täglichen Leben zu Hause oder in der Gesellschaft, ermöglicht Arbeitnehmern, ihr Arbeitsumfeld bewusst wahrzunehmen und Chancen zu ergreifen, und sie ist das Fundament, auf dem Unternehmer eine gesellschaftliche oder gewerbliche Tätigkeit aufbauen.“

Entrepreneurship bringt den Mensch wieder in den Mittelpunkt, das Managen oder ein Unternehmen darf kein Selbstzweck sein. Menschen arbeiten mit Menschen, sie kommunizieren miteinander, sie machen die Geschäfte miteinander, sie schaffen Märkte oder verbessern sie und sie schaffen gemeinsam Realität.

Sarasvathy sieht **Entrepreneurship als Methode**, so wie es auch die wissenschaftliche Methode gibt. Letztere hat es vor allem dem Westen in den letzten beiden Jahrhunderten auf fulminante Art und Weise ermöglicht, die Welt der Physik zu erobern und die Natur durch Technik zu „bändigen". Die wissenschaftliche Methode hat die systematische Idee entwickelt, dass ein physikalisches Universum existiert, in dem durch Annahmen (Hypothesen) in Experimenten überprüft oder verworfen wird.

Entrepreneurship als Methode hingegen, ist die Methode der Menschen mit Unternehmergeist (Entrepreneure), durch ihre Aktivitäten und im Austausch mit einer Vielzahl an Stakeholdern gesellschaftliche und wirtschaftliche Wirkungen und Artefakte zu erzeugen. Es geht also um die menschlich erzeugte Wirkung und nicht nur um die Wirkung der Natur oder die eines physikalisch fundierten Universums.

Das ist der Punkt, wo auch unternehmerische Gelegenheiten geschaffen werden. Dort, wo Entrepreneure zu finden sind. Dies ist natürlich auch für politische Entscheidungsträger interessant. Denn der Schluss liegt nahe, dass man nicht unbedingt darauf vertrauen sollte, dass in der eigenen wirtschaftlichen und geographischen Region „die Entrepreneure" wohnen, die die Welt verändern. Dafür sind entsprechende Rahmenbedingungen notwendig, die sich auch mit den drei Ebenen der IFTE decken. So müssen aktiv Gelder für eine Entrepreneurship Education zur Verfügung gestellt und regionale Entrepreneure gezielt unterstützt werden, damit diese ihre eigenen und die regionalen Ressourcen nutzen können. Fasst man den Personenkreis wesentlich weiter, so bedeutet dies vor allem eine Unterstützung zu mehr Selbstständigkeit und Eigenverantwortung der Menschen, mit ihren verschiedensten Erfahrungen, unterschiedlichsten Lebenslagen und vielfältigsten Vorstellungen einer möglichen Zukunft. Dies kann den Grundstein für ein zukünftiges „Wachstum“ legen, das auf Nachhaltigkeit und Achtsamkeit fußt. Ein Kampf rein um neue Technologien und Standorte für Technologiezentren als Garant für Innovation griffe hier zu kurz – die Bemühung um die Menschen und deren Potenziale ist viel wichtiger.

So ermöglicht die Wissenschaft technologische Artefakte (Telefone, Computer, Raumschiffe), Entrepreneurship soziale und wirtschaftliche Artefakte (Märkte, Produkte, Unternehmen). Sarasvathy schreibt in diesem Zusammenhang auch davon, dass erst dadurch unternehmerische Gelegenheiten gefunden und wirklich nutzbar gemacht werden – solche, die nicht nur davon abhängen, dass technologische Innovation von einer Region in die andere transferiert wird – oder dass sie so gar erfunden werden.

Entrepreneurship als Methode ist dazu geeignet vor allem eines zu tun: Die menschliche Natur zu entfesseln und damit auch die eigene Bestimmung selbst zu gestalten und zu verändern. Saras hält dazu auch fest, dass unternehmerische Gelegenheiten und die Zukunft dadurch eben nicht nur gefunden, sondern vor allem gemacht und geschaffen werden. „Opportunities“ werden dort geschaffen, wo Entrepreneure sind!

Eine unternehmerische Checkliste

> *»An irgendeinem Punkt muss man den Sprung ins Ungewisse wagen. Erstens, weil selbst die richtige Entscheidung falsch ist, wenn sie zu spät erfolgt. Zweitens, weil es in den meisten Fällen so etwas wie eine Gewissheit gar nicht gibt.«*
>
> *Lee Iacocca, Manager – oder Entrepreneur?*

Eine Checkliste ist eine spannende Sache, wurde mir gesagt. Ich glaube gerne meinen Freunden und Listen helfen, Dinge zu ordnen und zusammenzufassen. Die große Gefahr dabei ist, dass das Leben als rein kausal und linear abzuarbeitender Verlauf gesehen wird. Deshalb kann das Lesen der Liste von hinten, von oben, von der Mitte und auch wieder von Anfang an gestartet werden; sie soll Sie, einfach zusammengefasst, zum Denken und Handeln inspirieren.

Die Liste ist eine Check-, Fragen- und Inspirationsliste, wie auch eine Zusammenfassung der Kernideen aus den Themenbereichen, die in diesem Buch behandelt werden. Wichtige Punkte und Fragen sind dabei Saras Sarasvathys Arbeiten entnommen, und auch von Professoren wie Dietmar Grichnik, Robert Hisrich und anderen Autoren wie Guy Kawasaki entliehen.

Eine wichtige Aufforderung: Ergänzen Sie die Checkliste und fügen Sie eigene Punkte, Fragen und Inspirationsquellen nach Ihren Erfahrungen hinzu! Und im Sinne des Austausches: Teilen Sie Ihre Ideen – doch dazu mehr im nächsten Kapitel.

Der Unternehmergeist in der Liste – 1.0

1. Mittelorientierung (# 1): Fragen Sie sich laufend nach Ihrer Identität (Wer bin ich/sind wir?), nach Ihrem Wissen (Was weiß ich/wissen wir?) und Ihren Netzwerken (Wen kenne ich/kennen wir?). Das ist Ihr Startpunkt, Rastpunkt und Denkpunkt und soll somit auch der Startpunkt dieser Liste sein.
   Zunächst müssen Sie diese Fragen für sich selbst beantworten, aber sobald Sie Mitglieder Ihrer Netzwerke und Stakeholder mit an Bord holen, werden Sie diese Fragen auch für und gemeinsam mit diesen bearbeiten müssen. Partner formen somit die Antworten für die Bestandsaufnahme mit, indem sie selbst zu einem Teil der zur Verfügung stehenden Mittel werden. Mit der Zeit wächst dadurch ihre Identität, ihr Wissen und auch ihr Netzwerk. Die Mittelorientierung ist eines der fünf Prinzipien der Effectuation. Die bewusste Auseinandersetzung mit diesen Fragen ist einer der Erfolgsfaktoren der Effectuation.

2. Elemente der Effectuation: Die Logik der unternehmerischen Wirksamkeit funktioniert dort am besten, wo eine hohe Ungewissheit (Knight) herrscht, ein

Überfluss an Information einprasselt (Informationsisotropie) und sich keine fixen Ziele ausmachen lassen (Zielambivalenz).

a. Durch die Ungewissheit befinden Sie sich in einer Situation der absoluten Unvorhersagbarkeit der Zukunft, Sie können diese nur selbst schaffen.
b. Die Informationen, die Ihnen von vermeintlich guten Beratern, von Medien, Marktforschern zugeraunt werden, verwirren Sie eher, als sie Ihnen helfen. Sie wissen nicht, welche Informationen wirklich relevant sind. Hören Sie auf Ihr Herz und schauen Sie, wer sich wirklich engagiert.
c. Schließlich haben Sie keine fixen Ziele ausgemacht, oder sind unsicher, welches Sie wählen sollen, vor allem, wenn die Zukunft so ungewiss ist. Sie können sich in diesem Fall nur auf Ihre Anpassungsfähigkeit an die Zufälle, Überraschungen und Entwicklungen, die Sie auf Ihrem Weg finden werden, verlassen. Doch durch Ihre Selbstsicherheit (Selbstwirksamkeit) und das Wissen über Ihre Identität, Ihr Wissen und Ihre Netzwerke können Sie damit sehr gut umgehen, entscheiden und handeln.

3. Kreativität finden: Techniken zur kreativen Ideenfindung kennen Sie aus Schule, Studium und Büchern. Desto wichtiger ist es, dass sie Kreativität auch zulassen und sich auch um Denkblockaden kümmern. Verwenden Sie verschiedene Denksprachen und lernen Sie, richtige Fragen zu stellen. Wenn Sie Ihren

kreativen Prozess gut gestalten, werden Sie auch die richtigen Ideen entwickeln. Jetzt müssen Sie nur noch von diesen überzeugt sein – und los geht's.

4. Gelegenheiten sehen: Die unternehmerische Gelegenheit liegt nicht nur einfach da draußen und tarnt sich. Nein, ein wesentlicher Punkt von Effectuation ist, dass Gelegenheiten und Zukunft gemacht werden können. Entrepreneurship ist kreative Schöpfung. Trotzdem sollten Sie mit einem Ideen- und Chancentagebuch Ihre Wahrnehmungssinne für unternehmerische Gelegenheiten schärfen. Angenehmer Nebeneffekt ist, dass Sie so auch Ihr Gedächtnis unterstützen.

5. Fehler und Scheitern: Angst ist ein schlechter Freund – seien Sie sich dessen sehr bewusst und lassen Sie sich nicht auf sein Spiel ein. Denken Sie an Michael Jordan, die Basketball Legende. Seine Spielfehler haben ihn, wie er sagt, erfolgreich gemacht, zu einer sagenhaften Karriere verholfen. Kommen Sie ins Handeln, trauen Sie sich, haben Sie keine Angst vor Fehlern, die gehören zum Leben. Denn wer keine Fehler macht, hat nichts gelernt. Feiern Sie auch Ihre Fehler und nutzen Sie diese als einzigartige Lernchancen.

6. Zukunft gestalten: „Nur was wir vorhersagen können, können wir auch kontrollieren", oder „Was ich kontrollieren kann, brauche ich nicht vorherzusagen." Erfahrene Entrepreneure gestalten die Zukunft, schaffen

neue Märkte und neue Produkte genau dadurch, dass Sie sich auf die Aspekte konzentrieren, die sie selbst kontrollieren können. Marktforschung schätzen sie nicht sonderlich, da sie sich lieber auf ihr effectuales Netzwerk verlassen.

7. Leistbarer Verlust (# 2): Als zweites Prinzip investieren erfahrene Entrepreneure eher das, was sie bereit sind zu verlieren, als auf einen zu erwartenden Gewinn zu spekulieren. Sie denken ganz klar den schlimmsten Fall durch und überlegen sich auch ein Worst-Case-Szenario, um dessen Eintreten zu überleben. Was können Sie investieren? Nehmen Sie das auch als reale Grenze, so können Sie innerhalb dieser Grenze wesentlich wirksamer sein und außerhalb der Grenze schnell weiteren Schaden verhindern.

8. Partner und Allianzen (# 3): Arbeiten Sie daran, Partner, Stakeholder an Bord zu holen und auch strategische Allianzen zu schmieden. Wer sich einbringt, gestaltet auch automatisch die zur Verfügung stehenden Mittel mit und formt auch die zu gestaltende unternehmerische Gelegenheit entscheidend mit. Partner formen also Ihre Ziele und Visionen mit, lassen Sie sich davon nicht abschrecken, seien Sie anpassungsfähig.

9. Zufälle und Überraschungen (# 4): Während Angst ein schlechter Freund ist, sind Zufälle und Überraschungen es hingegen ganz und gar nicht. Sie können

sehr gute Freunde sein, wenn man mit ihnen umgehen kann. Deshalb sollten Sie ihnen aufmerksam zuhören und lernen, diese zu Ihrem Vorteil zu nutzen. Sollte mal trotzdem ein falscher Freund darunter sein, haben Sie hoffentlich Ihr Worst-Case-Szenario gemacht. Auf jeden Fall sollten Sie auch hier achtsam und anpassungsfähig sein, denn in einer bösen Überraschung kann trotzdem eine große Chance liegen.

10. Vorhersagen oder Kontrollieren (# 5): Das letzte Prinzip kombiniert die anderen Prinzipien, indem eine Kontrolle der Zukunft ohne Prognose ausgeübt wird. Erfahrene Entrepreneure trauen keiner Prognose, sie vertrauen ihrer Erfahrung und den Aspekten, die sie selbst kontrollieren können, wie z. B. selbst den ersten Kunden zu finden und mit ihm gemeinsam ein neues Marktsegment zu schaffen.

11. Netzwerke weben: Sie wissen über Ihre Mittel, stellen Sie sich nun die Frage „Was kann ich/können wir tun?“ Legen Sie los! Beginnen Sie mit Ihren Kontakten zu kommunizieren. Wer sind die drei Menschen, die Sie sofort anrufen und denen Sie von einer Idee erzählen könnten? Achten Sie darauf, dass sich Partner in Ihre Idee „einkaufen“. Es ist ein Geben und Nehmen und vor allem das gemeinsame Gestalten einer möglichen Zukunft. Wirklich Interessierte bringen sich entsprechend ein – verhandeln Sie über entsprechende Zusammenarbeit und Aktivitäten.

12. „Daumenregeln“: Gibt es nun Situationen, in denen man klar ein kausales Managementdenken der Effectuation vorziehen muss? Ja, klar, wenn Sie z.B. einen vorhersagbaren Markt geschaffen haben oder sich in einem befinden. Oder wenn das Unternehmen zu groß wird oder, wie ein Interviewpartner von Saras es ausdrückte, wenn „Firmenausweise auftauchen“. Erfahrene Entrepreneure haben für sich „Daumenregeln“ entwickelt, wann auch sie kausal denken. Eines ist klar – sie bevorzugen in ihrem Denken und Handeln ein effectuales Vorgehen. Lernen Sie zu entscheiden, wann es sinnvoller ist, zu managen und wann, zu effectuieren – probieren Sie aber öfter Zweiteres.

13. Feedback einholen: Mit Rückmeldungen verhält es sich wie mit Fehlern, sie sind eine wunderbare Gelegenheit, Neues zu lernen. Suchen Sie aktiv Feedback, auch wenn es manchmal negativ ist. Dazu müssen Sie auch lernen, genau zuzuhören und nachzufragen. Dies kann im Gespräch mit Freunden geschehen, mit Investoren, mit Ihrem Bankberater oder Ihrem Business Angel. Auf jeden Fall sollten Sie auch das Feedback von Kunden nutzen.

14. Gute Berater finden: Eine weitere Kunst ist es, die richtigen Berater zu finden, die in Ihrem Beirat mitwirken wollen. Eine Kunst, die mindestens genauso schwierig ist, wie gute Mitarbeiter zu finden.

Doch wie beim Feedback gilt hier: Holen Sie auch Ratschläge von Kunden, Lieferanten und anderen Stakeholdern ein. Dazu müssen Sie zwei Dinge lernen: gute Fragen zu stellen (wichtig für die Antwortqualität) und ein entsprechendes Interesse zu zeigen (gut für die Antwortbereitschaft). Auch bei negativem Feedback: Sammeln Sie es nicht nur, sondern hören Sie aktiv zu und fragen Sie nach. Holen Sie sich einen Ratschlag vom Feedbackgeber oder auch anderen Personen. Wichtig dabei ist, lassen Sie sich keine Energie rauben!

15. Der Sprung: Die Entscheidung, eine Idee umzusetzen, ist wie ein Sprung ins kalte Wasser. Man muss z.B. eine andere Karriere aufgeben, hat weniger Zeit für die Kinder ... Trotzdem ist man bereit, das Wagnis einzugehen – zu springen. Der Effectuator denkt mit dem Prinzip des leistbaren Verlustes und trifft mit sich selbst eine Vereinbarung. Auf wie viel Gehalt können Sie verzichten und wie viel Zeit sind Sie bereit, in eine Sache zu investieren? Denken Sie dabei nicht daran, was Sie erreichen können, sondern eher daran, was Sie nicht erreichen, wenn Sie den Sprung nicht machen – kehren Sie Ihr Denkprinzip um.

16. Finanzierung für Kluge: Amazon wurde von Jeff Bezos mit Bootstrapping gegründet, indem er trotz kleiner Budgets und Finanzierungsrunden eine maximale Wirkung erzielt hat, die wir heute hinter

dem Online-Versandhaus nicht vermuten würden. Binden Sie Ihre Familie, Freunde und vor allem Ihr Netzwerk in die Finanzierung ein. So kann ein Zahlungsziel von sechs anstatt von drei Wochen sehr hilfreich sein, finanzieren Sie aus dem Cash-Flow (der hoffentlich vorhanden ist) und achten Sie auf die Kosten (siehe auch Exkurs dazu). Oder gründen Sie z.B. aus Ihrem Job heraus und nutzen Sie so auch das Prinzip des leistbaren Verlustes (# 2) .

17. Agilität und Sprints: Egal ob Unternehmensgründer, Entrepreneur oder Manager: Die Methoden aus dem agilen Projektmanagement und Scrum, wie Sprints, tägliche Scrum-Meetings, Sprint Review Meetings sind spannende Ansätze für Projekte, aber auch komplette Organisationsformen. Überlegen Sie, wie Sie in Ihrer Organisation, in Ihrem Team Kommunikation fördern können und auch Transparenz über Prioritäten und Performance herstellen können. Fokussieren Sie sich darauf, Wert für Ihren Kunden zu schaffen und sichern Sie eine schnelle Umsetzung und Lernen. Nutzen Sie dazu auch neue Arbeits- und Organisationsformen (Guerilla, Buzz, Word-of-Mouth-Marketing, Crowdsourcing, Collaboration). Denken Sie Innovation auch im Bereich der Management- und Arbeitsinnovation neu! Interessieren Sie sich mehr dafür, wie und ob die Dinge funktionieren, als dafür, wie sie wirklich sind, bzw. richten Sie Ihren Fokus auf das, was nutzt.

18. Leben, Atmen & Handeln: Effectuation ist lebendig, dynamisch und „atmet unternehmerisches Denken und Handeln". Erfahrene Entrepreneure sind sich dessen bewusst. Sie wissen auch, dass ein Unternehmen nur ein Instrument ist, um eine Wirkung zu erzielen, und kein Selbstzweck. Dies ist spätestens dann von Bedeutung, wenn es ein Unternehmen und dessen Mitarbeiter zu managen gilt. Guy Kawasaki (2004) betont dabei, wie wichtig es ist, selbst ein „role-model" zu sein und dadurch den Aufbau einer großartigen Organisation erst zu ermöglichen. Er spricht von der großen Kunst, ein Mensch zu sein, was für ihn bedeutet, möglichst vielen Menschen zu helfen, das Richtige zu tun und der Gesellschaft auch wieder etwas zurückzugeben. In diesem Sinne – Sei ein Mensch!

Der Unternehmergeist erwacht!

»Sei du selbst die Veränderung,
die du dir wünschst für diese Welt.«
Mohandas Karamchand (Mahatma) Ghandi, indischer Rechtsanwalt

Effectuation ist die Methode erfahrener Entrepreneure Zukunft zu schaffen und die Welt zu verändern. Die Wissenschaft kennt das Experiment als Methode und möchte beweisen, dass die Welt existiert und untersuchen, wie sie funktioniert (Sarasvathy, 2008). Für Menschen mit

Unternehmergeist zählt jedoch vielmehr, was wirkt und funktioniert, und das muss ausprobiert werden – das ist der Punkt, wo erfahrene Entrepreneure schneller und selbstsicherer ins Handeln kommen.

Die Theorie der unternehmerischen Expertise ist wissenschaftlich fundiert und nachgewiesen. Es gibt mittlerweile viele Beispiele aus Business Schools, Trainings etc. dafür, dass Effectuation lehr- und lernbar ist. Das heißt, dass junge Entrepreneure, aber vor allem auch Menschen aus verschiedenen beruflichen Kontexten und Situationen, von der Expertise der erfahrenen Entrepreneure profitieren können.

Effectuation ist somit keine Managementmode und auch kein Erfolgsgarant – hüten Sie sich also vor unseriösen Beratern oder Gedanken in diese Richtung. Umso mehr Erfahrung und Expertise Entrepreneure sammeln, desto deutlicher wird, dass sie Effectuation als Methode und Strategie klar dem kausal-logischen Vorgehen vorziehen. Sie können nämlich klar unterscheiden, wann es sich für sie auszahlt, die Logik der unternehmerischen Wirksamkeit einer kausalen Logik vorzuziehen. Dadurch können sie für sich die Erfolgschancen erhöhen, bauen aber dabei kein Las Vegas, sondern mehrere Seidenstraßen – die den Austausch von Ideen, Gütern erst ermöglichen. Nicht ein einmaliger Royal Flush[31], sondern das Etablieren von nachhaltigen und gewinnbringenden Beziehungen mit Ihren Partnern, Kunden, Lieferanten ist ihr Wunsch, ihr Ziel und der Nutzen aller Beteiligter.

Zukunft ungewiss, Nutzen gewiss

Der Nutzen von Effectuation liegt nicht darin, einen sicheren Erfolg einzufahren, wenn man die Prinzipien und Strategien anwendet, sondern sollte viel breiter gesehen werden. Erfolg ist kein Ergebnis von Effectuation, sondern von harter Arbeit, und Effectuation ist dabei ein hilfreicher Begleiter, der durch das Ermöglichen von flexiblem Handeln und Denken vor allem den Druck reduziert, der auf Entrepreneuren, Managern, Menschen, die etwas umsetzen, lastet. Dies wird nur durch einen offenen Blick möglich, der sich nicht nur auf den Businessplan, Marketingplan oder die Planung im Allgemeinen fixiert, sondern auch zur Anpassung an unvorhergesehene Situationen fähig ist. Das bedingt auch ein Denken „außerhalb der Box" (denken Sie hier ruhig auch an den Comic „Dilbert") – was bedeutet: Handlungs-Sehen statt Problem-Sehen, vernetztes Denken statt eines Ursache-Wirkung-Glaubens. Das veränderte Denken und die Anwendung von kausalen und effectualen Elementen löst auch Widersprüche des Managements und bei der Schaffung neuer Märkte auf. So sind effectuale Kontrolle über die Zukunft und Innovation, wie auch fixe Ziele oder gar keine bzw. unsichere Ziele keine Widersprüche.

Das Navigieren durch unsichere und ungewisse Zeiten fällt mit Effectuation leichter als die Fixierung auf ein Ziel, das unter diesen Bedingungen nur ein Mythos blei-

---

[31] Höchste Hand im Poker.

ben kann. Effectuatoren kontrollieren die Zukunft lieber selbst und sind pro-aktiv, als dass sie sich auf Vorhersagen verlassen würden. Sie vertrauen eben nicht der Kunst, die Kristallkugel richtig zu lesen. Durch Effectuation formen sie gemeinsam mit Partnern und Stakeholdern Ziele, deren Einflussfaktoren sie auch kontrollieren können. Dies geschieht z.B. durch Vereinbarungen darüber, ob ein Schlüsselkunde eine bestimmte Menge eines gemeinsam entwickelten Produktes abnimmt oder gleich dessen Entwicklung mitfinanziert.

Damit zeigen uns erfahrene Entrepreneure, wie man in ungewissen Situationen und dort, wo es keine klar definierten, vorgegebenen und fixierten Ziele gibt, trotzdem entscheiden und handeln kann. Nicht nur das, auch unerwartete Gelegenheiten, die eine neue Betrachtungsweise von Zukunft und Welt eröffnen, erschließen ihnen unternehmerische Gelegenheiten, anders als dem Durchschnittsmanager, dem diese gar nicht auffallen.

Schließlich wird auch Druck reduziert durch die Anerkennung der Tatsache, dass Fehler zu machen notwendig ist. Wir benötigen Fehler, um zu lernen, und Effectuation ermöglicht uns, möglichst viele Lernschleifen zu ziehen, ohne dass wir endgültig scheitern, wenn wir darauf achten, was unser leistbarer Verlust (# 3) ist. Wir machen somit intelligente und vermeiden dumme, endgültige Fehler. Viele erfolgreiche Entrepreneure haben eine lange Geschichte von Fehlern und Scheitern in ihrer Biographie – doch sie haben eines gelernt: Fällt man zehn Mal hin, so muss man elf Mal aufstehen.

Effecuatoren haben gelernt, wie sie es schaffen, einen längeren Atem zu haben und den ganzen Marathon zu laufen.

Effectuation ist ein bisschen wie das Spiel der Kinder. Hat sich eine Gruppe gebildet, wird nach keinem fixen Drehbuch gespielt. Die Kinder in der Gruppe entscheiden z.B. Cowboy-und-Indianer zu spielen und gehen dann in ein Improvisationsspiel über, das durch ihre Erfahrungen und Vorbilder geprägt ist. Aber auch das Ausprobieren von Verhaltensweisen ist in der Gruppe erlaubt. So entwickelt sich über die Zeit, wer Winnetou und wer Old Shatterhand ist, wo das Spiel stattfindet – am imaginären Silbersee usw. Jedes der spielenden Kinder hat die Chance, das Spiel zu beeinflussen, und sei es durch spontane Einfälle, wie „Reit-Saurier“ statt Pferde zu zähmen. Auch werden vielleicht die Rollen getauscht, und ein anderer darf nun Winnetou spielen. Alles eine Verhandlungs- und Vereinbarungssache.

Klar, manchen der Kinder wird das nicht gefallen und sie gehen vielleicht zu einer anderen Spielgruppe. Das Kind muss sich entscheiden, wie viel es bereit ist, in das Spiel zu investieren und auch, was zu akzeptieren. Diejenigen, die bleiben, haben sehr wahrscheinlich ein schönes Spielerlebnis.

Rasch ins Handeln kommen mit den Prinzipien und Strategien der erfahrenen Entrepreneure und dabei möglichst viele Alternativen im leistbaren Rahmen auszuprobieren ist der Kern der Effectuation.

Werden Sie aktiv!

Was sind Sie bereits zu investieren? Wichtig ist, dass Sie mit anderen Menschen interagieren und die Kommunikation starten. Entwickeln Sie eine Vorstellung über Ihre Identität, Ihr Wissen und wer in Ihrem Netzwerk ist.

Was können Sie tun? Machen Sie noch heute Ihren ersten Schritt und beginnen Sie, an Ihrem effectualen Netzwerk zu bauen. Sprechen Sie in den nächsten drei Wochen drei Ihnen vertraute Menschen an und erzählen Sie ihnen von einer Idee, die Ihnen wichtig ist und die Sie gerne angehen würden – egal ob aus dem beruflichen, privaten oder gesellschaftlichen Umfeld. Hören Sie sich das Feedback an, fragen Sie nach und sprechen Sie an, ob es ein Interesse gibt, an der Realisierung dieser Idee mitzuhelfen oder wie man die Idee weiterentwickeln könnte.

Teilen Sie Ihr Wissen und Ihre Erfahrung mit anderen Lesern. Besuchen Sie dazu die Website zu diesem Buch unter **www.u-geist.at** und teilen Sie Ihre Erfahrungen, Ihr Feedback und Ihre Fragen mit uns. Lesen Sie mehr dazu im Anhang dieses Buches.

Unternehmergeist in der Wunderlampe!

Wussten Sie, dass der Unternehmergeist eigentlich ein Dschinn ist, ein orientalischer Geist aus der Märchenwelt?

Der Unternehmergeist hat sich dereinst erdreistet, einem ranghöherem Geist – es muss wohl sein Manager gewesen sein – die Stirn zu bieten, eine Gelegenheit ungefragt beim Schopf zu packen und mit Partnern eine neue Unternehmung zu starten. Diese Aufsässigkeit war natürlich nicht folgenlos. Sie erboste den ranghöheren Geist so sehr, dass er ihn zur Strafe in eine Wunderlampe verbannte.

Dieses Buch hat Ihnen hoffentlich, wie eine gute Landkarte, gezeigt, wo diese Wunderlampe versteckt ist. Es liegt nun an Ihnen, die Lampe zu finden und an ihr zu reiben. Auf dass Ihnen der Unternehmergeist erscheint!

Aber Sie wissen nun: Unternehmergeist denkt anders. Anders ist es auch mit dem Glauben, dass ein Dschinn nur drei Wünsche erfüllt. Das stimmt nämlich nicht! Der Unternehmergeist wird Ihnen alle Wünsche erfüllen, Sie müssen ihn nur fragen und fest an ihn glauben.

Bleibt nur noch die Anregung: Handeln und denken Sie mit Effectuation; oder wie Gandhi sagte: „Sei du selbst die Veränderung, die du dir wünschst für diese Welt."

Schlüsselfragen

- Was möchten Sie auf www.u-geist.at finden?
- Nicht was *sollen* Sie, sondern was *können* Sie tun – und wie viel Planung ist dazu notwendig?
- Welchen Wunsch würden Sie sich mit Ihrem Unternehmergeist aus der Wunderlampe erfüllen?

Lesetipps

- Chatterjee, S. (2005 a): **Failsafe Strategies: Profit and Grow from Risks That Others Avoid**, New Jersey, Wharton School Publishing.

- Gloger B. (2008): **Scrum, Produkte zuverlässig und schnell entwickeln,** München, Carl Hanser.
- Hamel, G. (2009): **Moon Shots for Management,** Harvard Business Review
- Edelman (2009): **The Social Pulpit, Barack Obama's Social Media Toolkit,** Edelman Digital Public Affairs.
- Sarasvathy, S. D. (2008): **Effectuation; Elements of Entrepreneurial Expertise,** Cheltenham, Edward Elgar Publishing.
- Tapscott, D. & Williams, A. D. (2007): **Wikinomics. Die Revolution im Netz,** München, Carl Hanser.

Links

- www.sdlogic.net
- www.mountaingoatsoftware.com
- www.guidewire.com
- guidewiredevelopment.wordpress.com
- www.scrum-breakfast.com/2008/06/waterfall-is-more-expensive-1.html
- www.ifte.at
- www.eesi-impulszentrum.at
- www.young-entrepreneur.eu
- www.unleashingideas.org

»Lass dich nicht unterkriegen, sei frech und wild und wunderbar!«

Astrid Lindgren, geistige Mutter von Pippi, Ronja, …

Anhang

Die Website zum Buch

Finden Sie auf der Website **www.u-geist.at** weitere Information und Zusatzmaterial. Verfolgen Sie mit, wie es mit Effectuation, den hier behandelten Themen und dem Dual-Bike Jano weitergeht.

Effectuation ist ein laufender Prozess, bei dem vor allem Interaktion und Feedback wichtige Komponenten sind. Ganz im Sinne der Theorie der unternehmerischen Wirksamkeit können Sie über **www.u-geist.at** selbst zum Ideen-Entrepreneur werden. Teilen Sie mit uns ...

- wie Ihre Gespräche über Ihre Idee mit den drei Personen gelaufen sind, die Ihnen als erstes dazu eingefallen sind.
- Ihre Antworten auf die Schlüsselfragen und auch neue Schlüsselfragen.
- Ihre Ergänzungen zur „unternehmerischen Checkliste 1.0" für eine Version „2.0".
- Ihr Feedback und Ihre Fragen zum Buch und zur Effectuation.
- Ihre Kreativität und senden Sie Ihr Feedback als Text, Foto oder Film, lassen Sie Ihrer Fantasie Freiraum.

Senden Sie Ihr Feedback entweder über das Feedback-Formular auf **www.u-geist.at** oder per E-Mail an **feedback@u-geist.at**

Effectuation im Internet

Mittlerweile gibt es ein gutes und umfangreiches, hochprofessionelles Angebot an Informationen zur Effectuation-Forschung im Internet. Damit Sie sich selbst einen Überblick über seriöse Quellen und Informationen verschaffen können, möchte ich Ihnen zusätzlich drei Online-Angebote vorstellen.

Die ursprüngliche Website **www.effectuation.org** wurde von Saras D. Sarasvathy, der Begründerin der Theorie der Effectuation, ins Leben gerufen und ist gleichzeitig auch Plattform der amerikanischen Forscher. Sie dient vor allem der wissenschaftlichen Information und enthält eine umfangreiche Sammlung an Basisartikeln über Effectuation, Informationen über den Einsatz in der Lehre und Forschungsinformationen für PhD-Kandidaten.

Deutschsprachige Forscher haben mit **www.effectuation.de** eine wunderbare Gelegenheit, Forschungsneuigkeiten aus dem deutschsprachigen Raum zu finden. Die Website wurde von Prof. Dr. Dietmar Grichnik, Lehrstuhlinhaber Unternehmertum und Existenzgründung an der WHU – Otto Beisheim School of Management, initiiert. Betrieben wird die Seite durch René Mauer, der selbst Forscher an der RWTH Aachen ist. Ziel der Website ist es, eine Informations- und Austauschseite für deutschsprachige Forscher zu schaffen.

Die Website zur Effectuation Praxis wird von Michael Faschingbauer, Klein & Faschingbauer Coaching OG, betrieben. Unter **www.effectuation.at** finden sich Informationen und Angebote über die praktische Nutzung von Effectuation. Michael setzt Effectuation in seiner täglichen Arbeit als Berater in Bereichen wie Führung, Innovation, Unternehmensentwicklung und Coaching um.

Effectuation – das Buch

Neben wissenschaftlichen Fachartikeln ist bereits 2008 das Buch „Effectuation: **Elements of Entrepreneurial Expertise**“[32] von Saras D. Sarasvathy erschienen. Es handelt sich dabei um ein wissenschaftliches Buch, welches die Forschungsergebnisse zur Theorie der Effectuation zusammenfasst, weitere Forschungsgedanken formuliert und auch die Auswirkungen der Effectuation auf das Entrepreneurship und andere Themenfelder diskutiert. Saras' Buch ist das Grundlagenwerk und eine klare Empfehlung, wenn man sich nicht vor englischen Texten schreckt.

Mittlerweile arbeitet Sarasvathy mit ihren Forschungspartnern an einem zweiten Buch mit dem Arbeitstitel „Made As Well As Found“, das voraussichtlich 2010 erscheinen wird. Das Buch richtet sich hauptsächlich an PhD-Studenten, dürfte aber wahrscheinlich wieder gleich spannend zu lesen sein wie ihr erstes Buch.

---

[32] Mittlerweile auch als Taschenbuch, z. B. bei Amazon, erhältlich.

Ein weiteres Projekt ist ein Entrepreneurship-Lehrbuch auf Basis der Effectuation-Theorie. Auf www.effectuation.org kann man bereits einen Entwurf eines Kapitels und das Inhaltsverzeichnis bewundern. Einen Erscheinungstermin gibt es noch nicht.

Danke!

Auch wenn man beim Schreiben die Nächte alleine vor dem Notebook verbringt, so gibt es doch eine Entschädigung dafür. Dies sind die wunderbaren Menschen und Gespräche, die dieses Buch möglich gemacht haben.

Deshalb möchte ich allen danken, die dieses Buch, möglich gemacht haben. **Saras D. Sarasvathy** besonders, da sie die Theorie der Effectuation begründet hat und sich bei einem Treffen am Max-Planck-Insitut zeigte, dass sie nicht nur eine ausgezeichnete Forscherin ist, sondern auch etwas von der Praxis versteht und eine spannende Persönlichkeit ist. Der Dank gilt auch allen anderen **Forschern**, die mit ihren Arbeiten den Erkenntnisstand des Entrepreneurship erweitern und hinterfragen.

Spannend für mich war auch die Tatsache, dass der Grundstein zu diesem Projekt bei der Buchpräsentation von **rudolf greger** zum „Design im Marketing: Mittel zum Zweck" gelegt wurde. Danke an rudolf auch für die tollen Gespräche und das gemeinsame Überlegen zu Effectuation, Unternehmergeist und design thinking. Ein besonderer Dank gilt **Gabriele Stanek**, die während des Gesprächs bei rudolfs Buchpräsentation zur Initiatorin dieses Buches wurde. Liebe Gabi, danke für die kreativen Gedanken, das Feedback und die Unterstützung. **Manfred della Schiava** hat sich für einen spannenden Gedankenaustausch zur Verfügung gestellt. Insgesamt möchte ich über diese Stellvertreter auch der gesamten

Community der österreichischen Marketinggesellschaft für das Vertrauen und für den Unternehmergeist, dieses Buch zu starten, danken.

Auch **Bernd Berghofer**, Geschäftsführer von Felix Austria, möchte ich für seine Zeit und seinen Input danken, genauso wie **Hannes Offenbacher** und **rudolf greger** für die Gastbeiträge, die dem Buch einen zusätzlichen Reiz geben. Danke auch an **Johannes Lindner** von der IFTE-Initative und an **Walter Grafinger**, Stadtschulrat Wien, für die Gespräche und die Einsichten in eine moderne und zukunftsorientierte Lehre für junge Menschen und für den Beitrag von IFTE zur Unterstützung selbständig handelnder und denkender junger Menschen – den Entrepreneuren der Zukunft.

In diesem Sinne gilt mein großer Dank vor allem meiner **Familie** und meinen **Freunden**, die großes Verständnis zeigten und Geduld mit mir bewiesen. Schließlich all jenen, die sich selbst als die **„Fools“**[33] sehen und auch so bezeichnet werden wollen – Danke für die Unterstützung und den Austausch.

Marcus Ambrosch

---

[33] Die Top-Finanzierungsquellen neuer Unternehmen sind Familienmitglieder, Freunde und „Narren“ (Fools), die frühzeitig an eine Idee glauben (siehe auch Exkurs zum Bootstrapping). Sie werden auch als die „3 F“ der Finanzierung bezeichnet.

»Sei der Entrepreneur deines Lebens!«[34]

[34] Frei nach einer Aussage von Johannes Lindner.

Literatur

- Ambrosch, Marcus (2008): Fun to Play Guaranteed: New Venture Creation of a Toy Rental Business in Austria. A Case-based Comparison of Causal and Effectual Reasoning in Entrepreneurial Process Implementation and Strategy Development Frameworks. MBA Master Thesis, Krems, Danube University Krems.
- Ambrosch, M. (2006): Strategy Safari; Strategic Management Approaches, unveröffentlichte Arbeit, Krems, Donau Universität Krems.
- Ambrosch, M. (2008): Opportunity Assessment Plan zum Spielzeug-Abo in Österreich, unveröffentlichte Arbeit, Krems, Donau Universität Krems.
- Adams, J. (2004): Think! Einfach genial denken lernen, München, Econ.
- Arnander, F. (2001): MANAGING.com; Entrepreneurial Business and Wired Management. Start Here, London, Pearson.
- Augier, M. S., Sarasvathy, S. D. (2002): Simon on Altruism, Near Decomposability, and Design: Extensions on a Behavioral Approach to Strategy, presented at LINKS conference in Copenhagen, Denmark.
- Birkinshaw, J., Hamel, G., Mol, M. J. (2008): Management Innovation, Academy of Management Review, Vol. 33, No. 4, 825-845.
- Blum, U., Danz B., Leibbrand F. (2001): Entrepreneurship und Unternehmertum: Denkstrukturen für eine neue Zeit, Wiesbaden, Gabler.

- Bruch, E., Müller, J., Wielowski, C. D. (2000): Innovationen – Bausteine des Erfolgs von morgen, Landsberg, Moderne Industrie.
- Chatterjee, S. (2005 a): Failsafe Strategies: Profit and Grow from Risks That Others Avoid, New Jersey, Wharton School Publishing.
- Chatterjee, S. (2005 b): Core Objectives: Clarity in Designing Strategy, Volume 47, California Management Review (Number 2).
- Csíkszentmihályi, Mihály (2003): Good Business: Leadership, Flow, and the Making of Meaning, New York, Penguin Books.
- Dew, N., Read, S., Sarasvathy, S. D., Wiltbank, R. (2003): Competing across markets: The case for nonpredictive strategies, http://www.effectuation.org, Abfragedatum 20.8.2008.
- Dew, N., Sarasvathy, S. D. (2002): What effectuation is not: Further development of an alternative to rational choice. Presented at the 2002 Academy of Management Conference in Denver, CO.
- Drucker, P. F (1998): Die Praxis des Managements, Düsseldorf, Econ.
- Ebner, G., Heimer, P., Schüttelkopf., E. M. (2008): Fehler – Lernen – Unternehmen, Frankfurt, Peter Lang.
- Edelman (2009): The Social Pulpit, Barack Obama's Social Media Toolkit, Edelman Digital Public Affairs.
- Faschingbauer, M. (2008): Gründen mit Effectuation; Praktische Erprobung eines innovativen Ansatzes in

der Begleitung von Unternehmensgründungen, MBA Master Thesis, Krems, Donau Universität Krems.

- Gloger B. (2008): Scrum, Produkte zuverlässig und schnell entwickeln, München, Carl Hanser.
- Graham, P. (2008): Startup Ideas We'd Like to Fund, http://ycombinator.com/, Abfragedatum 20.8.2009.
- Grichnik, D. (2006): Die Opportunity Map der internationalen Entrepreneurshipforschung: Zum Kern des interdisziplinären Forschungsprogramms, Volume 76, ZfB – Zeitschrift für Betriebswirtschaft (Number 12), 1–31.
- Grichnik, D. (2008): Entrepreneurship and Opportunity Analysis; Creativity and the Business Idea, unpublished presentation, WHU – Otto Beisheim School of Management.
- Hamel, G. (2009): Moon Shots for Management, Harvard Business Review
- Harmeling, S. S., Oberman, S., Venkataraman, S., Stevenson, H. H. (2004): That My Neigbor's Cow Might Live: Effectuation, Entrepreneurship Education, and Economic Development in Croatia, presented at the Babson College Entrepreneurship Conference, http://www.babson.edu/entrep/fer/FER_2004/web-content/Contents/Summary.html, Abfragedatum 20.8.2008.
- Hayton, J. C. (2006): Explaining Competitive Advantage in Family Firms: The Effectuation Paradox, presented at the USASBE/SBI 2006 Conference, http://www.sbaer.uca.edu/research/usasbe/2006/pdffiles/papers/cases/039.pdf, Abfragedatum 20.8.2008.

- Hisrich, R. D. (2004): Small Business Solutions; How To Fix & Prevent The 13 Biggest Problems That Derail Business, New York: McGraw Hill.
- Hisrich, R. D. (2008 b): The Business Plan, unpublished presentation, Thunderbird School of Global Management.
- Hisrich, R. D., Peters, M. P., Sheperd, D. A. (2008 a): Entrepreneurship, 8th ed., New York, McGraw Hill.
- Homburg, C., Krohmer, H. (2003): Marketingmanagement; Strategie – Instrumente – Umsetzung – Unternehmensführung, Wiesbaden, Gabler.
- Kaplan, R. S., Norton, D. P. (1996): The Balanced Scorecard – translating strategy into action, Boston, Harvard Business School Press.
- Kawasaki, G. (2004): The Art Of The Start; The Time-Tested, Battle-Hardened Guide for Anyone Starting Anything, New York, Penguin.
- Knight, F. H. (2006): Risk, Uncertainty and Profit, New York, Dover Pubications.
- Kotler, P., Armstrong, G., Saunders, J., Wong, V. (2001): Principles of Marketing, 3rd European ed., Prentice Hall.
- Livingston, J. (2007): Founders at Work, Stories of Startups' Early Days, Berkely, APRESS.
- Livingston, J. (2007): Founders at Work, Stories of Startups' Early Days, Berkely, APRESS
- Mahadevan, B. (2000): Business Models for Internet-Based E-Commerce: An Anatomy, Volume 42, California Management Review (Number 4), 55–69.

- Malik, F. (2001): Führen, Leisten, Leben, Stuttgart, DVA.
- Mintzerberg, H. (2005): Strategy Safari; Eine Reise durch die Wildnis des strategischen Managements, Heidelberg, Redline.
- Peters, T. (2000): The Circle of Innovation, London, Hodder and Stoughton.
- Pfläging, N. (2003): Beyond Budgeting, Better Budgeting; Ohne feste Budgets zielorientiert führen und erfolgreich steuern, München, Haufe.
- Porter, M. E. (2004 a): Competitive Strategy; Techniques for Analyzing Industries and Competitors, New York, Free Press.
- Porter, M. E. (2004 b): Competitive Advantage; Creating and Sustaining Superior Performance, New York, Free Press.
- Read, S., Dew, N., Sarasvathy, S. D., Song, M., Wiltbank, R. (2007): Marketing Under Uncertainty: A Knock on the Door, Working Paper.
- Sadler, P. (2003): Strategic Management, 2nd ed., London, Kogan Page.
- Sahlman, W. A. (1997): How to Write a Great Business Plan, July 1997, Harvard Business Review, 98–108.
- Sarasvathy, S. D. (2001 a): What makes entrepreneurs entrepreneurial?, paper for submission to Harvard Business Review. Quelle: effectuation.org, Abfragedatum 20.8.2008
- Sarasvathy, S. D. (2001 b): Causation and Effectuation: Toward a Theoretical Shift from Economic In-

evitability to Entrepreneurial Contingency, Volume 25, Academey of Management Review (number 2), 243–263.

- Sarasvathy, S. D. (2007): Empirical Investigation of Effectual Logic: Implications for Strategic Entrepreneurship, presented at the Entrepreneurship Theory and Practice conference on Strategic Entrepreneurship, http://www.effectuation.org, Abfragedatum 20.8.2008.
- Sarasvathy, S. D. (2008): Effectuation; Elements of Entrepreneurial Expertise, Cheltenham, Edward Elgar Publishing.
- Sarasvathy, S. D., Dew, N. (2004): When markets are grue. Under review at Journal of Evolutionary Economics.
- Sarasvathy, S. D., Dew, N. (2005): Entrepreneurial logics for a technology of fool-ishness, Volume 21, Scandinavian Journal of Management, 385–406.
- Tapscott, D. & Williams, A. D. (2007): Wikinomics. Die Revolution im Netz, München, Carl Hanser.
- Theis, H.-J. (2006): Handbuch Handelsmarketing; Erfolgreiche Strategien und Instrumente im E-Commerce, Frankfurt am Main, Deutscher Fachverlag.
- Venkataraman, S., Sarasvathy, S. D. (2001): Strategy and Entrepreneurship: Outlines of an Untold Story, in Handbook of Strategic Management, Michael Hitt, Edward Freeman, and Jeffrey Harrison, Eds. Blackwell Publishers, 650–668.

Gastautoren

»Es ist nichts so kraftvoll wie eine Idee, deren Zeit gekommen ist.«[35]

© Karola Riegler

Hannes Offenbacher, leidenschaftlicher Unternehmer und IdeenArchitekt. Geschäftsführender Gesellschafter des Ideenstudios „Mehrblick" und Gründungsvorsitzender des Wiener Instituts für Vernetzung. Hannes Offenbacher bloggt unter www.bessergehtsimmer.at über die gestalterische Kraft von Ideen- & Entrepreneurship im Grenzbereich von Nachhaltigkeit und neuen Medien. Als Speaker will er die Herausforderung Nachhaltigkeit als Ideenquelle für Startups begreifbar machen.

»am wertvollsten ist die unverwechselbarkeit, das ist die aufgabe von design.«

© GP designpartners gmbh

Rudolf Greger, rudolf greger, industrial designer und einer der geschäftsführenden gesellschafter der GP designpartners gmbh, entwirft mit seinem team seit 20 jahren innovative industriell hergestellte produkte und gestaltet bedienabläufe (industrial design und interaction design). das GPteam entwirft für die zukünftigen bedürfnisse der benutzer. dabei sieht er sein GPteam als bindeglied zwischen forschung und entwicklung, verkauf und marketing, management und kunden. so werden synergien gebildet, wird innovation gefördert und letztlich der entscheidende marktvorsprung des auftraggebers gesichert.

---

[35] Frei nach Victor Hugo.

Der Autor

»Zitate sind verbildlichte Musik in Texten.«

© Paul Feuersinger

Marcus Ambrosch, Mag., MBA, ist als Qualitätsmanager für ein österreichisches Dienstleistungsunternehmen tätig, wo er u. a. Innovations-, Veränderungs- und Forschungsprojekte initiiert, begleitet und durchführt. Bereits früh sammelte er vielfältige Erfahrungen in Projekten und Funktionen im Journalismus, Marketing, Training, in der Management-Beratung und Projektentwicklung.

Er graduierte an der Universität Wien in Psychologie. Berufsbegleitend absolvierte er sein MBA-Studium an der Donau-Universität Krems mit Studienaufenthalten in Russland und China. Während des Studiums kam er zum ersten Mal mit „Effectuation" in Berührung.

Neben der österreichischen Marketinggesellschaft engagiert er sich auch im Vorstand für das Wiener Institut für Vernetzung für mehr Unternehmergeist in einer Zivilgesellschaft.

Marcus Ambrosch berät und begleitet Menschen und Organisationen bei Veränderungsvorhaben. Seine Leitthemen sind Management Innovationen (Design), Business Excellence (WOW!) und Entrepreneurship als Methode (Effectuation). Diese setzt er in seinen Schwerpunkten – Leadership, Strategisches Management, Qualitätsmanagement, Projekt- und Organisationsentwicklung, Kundenorientierung und Marketing – um. Themen, zu denen er auch Vorträge hält, forscht und veröffentlicht.